这样做爸妈就对了

读懂孩子的心，
陪伴0~6岁孩子成长

刘华清　杨丰　章程 / 编著

化学工业出版社

·北京·

内容简介

"幸运的人，一生都在被童年治愈；不幸的人，却在用一生治愈童年。"童年时期良好的生长背景、有爱的家庭环境、父母之间和谐的夫妻关系，对孩子拥有健全的人格、应对处理事情的能力以及强大的心理素质和抗压能力有着非常重要的意义。0～6岁是儿童身体和心理快速发展的阶段，在这个阶段，孩子无法满足自己的生理需求和精神需求，大部分日常生活都依赖父母才能完成。0～6岁也是孩子的成长敏感期，情感比有自控能力的成年人更加细腻脆弱。好的父母会适时利用好这个阶段，给予孩子高质量的陪伴和春风化雨般的耐心引导，以帮助孩子建立起对这个世界最初的安全感和信任感，培养孩子健康、乐观的性格以及足够坚强、勇敢的品质。

本书编者为中华医学会儿童和少年精神医学专业委员会委员，多年从事儿童和青少年心理咨询临床工作，对儿童易出现的心理问题有着丰富的经验。本书内容结合心理门诊遇到的儿童典型的心理健康问题，分析了0～6岁儿童的心理特点和精神需求，指导父母该如何找到正确的方式去有原则地关心和爱护孩子。希望通过这本书，能够帮助家长调整好自己的状态，找到正确的方式，去热爱自己的孩子，陪伴孩子度过一个美好的童年。

图书在版编目（CIP）数据

读懂孩子的心，陪伴0～6岁孩子成长/刘华清，杨丰，章程编著．—北京：化学工业出版社，2020.9
（这样做爸妈就对了）
ISBN 978-7-122-37174-4

Ⅰ．①读… Ⅱ．①刘…②杨…③章… Ⅲ．①儿童教育-家庭教育 Ⅳ．①G781

中国版本图书馆CIP数据核字（2020）第095397号

责任编辑：陈燕杰 李 媛　　　　　　　装帧设计：史利平
责任校对：刘曦阳

出版发行：化学工业出版社（北京市东城区青年湖南街13号　邮政编码100011）
印　　装：中煤（北京）印务有限公司
710mm×1000mm　1/16　印张13¾　字数189千字　2020年11月北京第1版第1次印刷

购书咨询：010-64518888　　　　　　　售后服务：010-64518899
网　　址：http://www.cip.com.cn
凡购买本书，如有缺损质量问题，本社销售中心负责调换。

定　　价：49.00元　　　　　　　　　　　版权所有　违者必究

序一

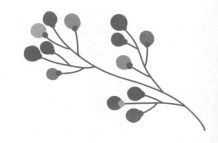

　　教育的本质是教育者给孩子创造适宜的环境与支持，让孩子的天赋与能力得到最大程度的发展，从而使孩子在这个纷繁的世界中生活得更好、更健康。除了学校的教育之外，我们越来越认识到家庭对于一个孩子的成长起到了至关重要的作用。特别是 0 ～ 6 岁学龄前阶段，家长如何养育孩子，很大程度上已经为孩子的一生埋下了伏笔。

　　在心理专科医院工作几十年，我见到了无数的"问题儿童"，以及很多因为童年的负面经历导致心理问题的成年病人，这些负面经历绝大部分都来自孩童时期的成长环境。因此，当刘华清主任拿着书稿来邀请我写序时，一看到本书是关于 0 ～ 6 岁孩子家长要懂的心理学，我就毫不犹豫地答应了。

　　工作之余我认真阅读了整本书，很好读，主题明确，逻辑清晰，从几个维度对 0 ～ 6 岁孩子的家庭教育进行了阐述：既包括养育不同年龄阶段的孩子家长应该把握的关键核心点，也分章详述了常见的教育问题及父母的应对方法，如父母如何与 0 ～ 6 岁的孩子说规矩、如何建立良好的亲子关系、如何培养身心健康的孩子等。所有的章节都很有代表性和实用性，可以有效地帮助父母解决育儿过程中的困扰。

　　更难得的是，这不仅仅只是一本告诉父母一些养育技巧的工具书，它还引导家长从自己的童年经历出发，去思考父母对于孩子的爱到底应该是什么样的。所谓"父母之爱子女，则为之计深远"，父母的责任既不是监工，也不是教练，父母的爱是孩子一生幸福的力量源泉。那么，如何爱孩子才能给孩子提供支持一生的力量？相信读过这本书后，父母们会获得启发，找到解决问题的方向。

刘华清主任是非常受人尊敬的儿童心理专家，具有丰富的临床案例经验；杨丰老师与章程老师也是两位多产的心理学作家，其作品风格多样，从理论到治疗小故事，从不同的角度阐释她们对心理治疗和养育子女的理解。同时她们也是很有经验的女性心理咨询师，长期在回龙观医院儿童心理科临床实践学习，并且她们本身也是孩子的妈妈，对儿童的心理健康研究有极大的热情与丰富的临床经验。三位作者文字功底扎实，通力合作写出这本书，如果读者能够从自己的个性风格出发阅读并加以融合或改变，就是对作者作品最好的反馈。

最后，衷心祝愿所有的孩子都能有一个健康、快乐、幸福的童年！

北京回龙观医院主任医师　常委书记　国务院特殊津贴专家
北京大学医学部博士研究生导师
世界卫生组织心理危机研究与培训合作中心主任
杨甫德
2020 年 9 月

序二

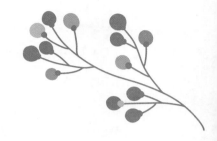

讲一个我们都很熟悉的寓言故事《太阳与风》：

太阳与风打赌：到底谁的力量更大，可以将行人身上厚厚的衣物除去。风非常有自信，使上全身的力气对着行人"呼呼"地吹，可结果只是让感觉很冷的行人更严实地裹紧了身上的衣物；而太阳只是立于云端，温柔地看着行人，将自己的光与热轻柔地传递给他，渐渐地，行人的身体热了起来，自己就将身上厚重的衣物脱掉了。太阳赢了。

父母对孩子的养育也如同这则寓言故事，所有的父母都希望自己的孩子健康快乐，我们的目标是相同的，但是相同的初心却无法拥有相同的结果，有的孩子成为了令父母欣慰的孩子，而有的孩子却成为了家长的"问题"，无法拥有健康快乐的人生。这可能与父母养育孩子的方式有关系。

在养育孩子的过程中，几乎所有父母都是很有自信的，这种自信来自确认自己是希望孩子好的信念。是啊，哪个父母不希望自己的孩子好呢？所以，当孩子出现问题的时候，父母往往习惯性地将责任归咎到孩子身上，认为孩子有性格弱点，孩子"不争气"，孩子"天生这样"；或者将原因归责到周围环境上。作为父母，我们是否可以思考一下，自己的教养方式有没有可以改进的地方？爱孩子是对的，爱的方式是可以通过学习来调整、改变的。

人与人天生会有差异，但是真正由于基因的缺陷影响到人生质量的占比非常少。即便在同样的社会中，人与人的发展差别仍然是巨大的。父母作为与孩子相处最久的人，对孩子的成长起到的作用是毋庸置疑的，父母无法也不应该完全掌控孩子的人生，却足可以影响孩子成为一个什么样的人。

在这本书中，提到了很多养育0～6岁孩子的关键因素，通过形形色色的案例，传递出了一些核心的要点，这些点说起来很简单，但却是孩子健康成长的基础与必需，也是很多父母容易忽视或者做得不够好的点。世上本无完人，也无完美的父母，但是只要为人父母者始终对孩子怀有一颗温柔之心，就能在育儿之路上越走越好。我希望父母们可以从这些所谓的"问题儿童""问题家庭"的故事中，找到打开自己心锁的那一把钥匙，也许是一个故事，也许是一句话，让道理与知识真正成为你的原则与信仰，让我们的孩子真正地因为这本书而获益。

中国人民大学心理健康教育与咨询中心主任　副教授
中央文明办、卫健委全国"相约健康社区行"特聘专家
中央电视台《心理访谈》 北京电视台《谁在说》心理专家
胡邓
2020年9月

序三

剖析人的精神世界这项工作是一个充满冒险却又丰富多彩的历程，因为我们永远无法预知它的下一刻会创造什么、为我们带来什么。去深入一个孩子的精神世界则更是如此，我们总是无从预知孩子的精神世界在为他的未来营造什么、构建什么，但我们唯一可以确定的是，从生命伊始，孩子的精神世界就在为他的未来铺设道路。为此，作为儿童心理工作者，我们能做的，就是从一开始就去倾听他们的心声。

刘华清主任就是这样，在他的临床工作中始终耐心地去倾听他的来访者，不论成人还是儿童。也正是在这样的倾听中，他确证了儿童期对一个人一生的重要影响，因而他对儿童心理健康极为关切，并尽力为儿童的父母提供了很多心理健康知识普及的工作。

在这个信息化高度发展的时代，各种各样关于育儿的信息不绝于耳。的确，现在的父母其实越来越难做好父母。因为在这些良莠混杂的信息的影响下，父母原来赖以依靠的直觉逐步地消退，导致他们迷失了方向，变得时而严厉，时而愧疚，时而宽容，时而焦虑……终至于无所适从。而孩子逐渐变成现代科学技术等信息引领下不断被塑造的一个客体。然而，一旦在家庭中孩子被物化，就埋下了心理问题的隐患。

刘华清主任希望这本书，它不是去教父母怎样塑造一个优秀的孩子，而是从心理层面去理解孩子，把孩子视作一个有自己的想法和情感的主体，去尊重、去爱、去倾听。

因此，这本书的三位作者为父母们详细分析了 0 ～ 6 岁孩子的基本心理发展与特征，让父母能从各年龄孩子的心理特点出发，去理解孩子的行为和情感，并帮助父母去接纳孩子的各种情绪。同时也为家长如何与孩子建立一个良好的亲子关系，提出了一些中肯的建议。

没有完美的孩子，也没有完美的父母。如果有一天，我们放弃了做完美的父母，才能放弃去塑造完美的孩子。如此反而能更好地倾听孩子，尊重孩子，让孩子真正成为他自己。而我们父母的工作，就像本书作者们希望的那样，就是陪伴孩子们成长为他们自己。

北京回龙观医院临床心理科　精神分析师
巴黎狄德罗大学（巴黎第七大学）精神分析与心理病理学博士
中国心理卫生协会青年专业委员会委员
罗正杰
2020 年 9 月

自序

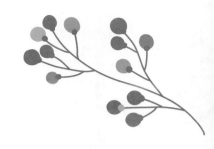

不忘为人父母之初心

策划本书，酝酿了很久。作为一名心理咨询师，我经常在儿童心理诊室看到大大小小、形形色色的所谓"问题儿童"，心常常被刺痛，为这些孩子，也为他们的父母和家庭。身为母亲，我自己在育儿过程中也犯过很多错，常常陷入愧疚与悔恨的情绪中，也有迷茫不知所措的情况。幸运的是，在不断学习、不断实践的过程中，我收获了很多的方法和力量，可以不断整理好自己的状态重新上路。我想，能让我做到这一点的最重要的原因是——别人的故事可以及时地给予自己启示。

市面上有很多书，有孩子教养类的，有开发孩子各方面能力的，种类繁多，各有所长。这是个有数不清的资讯供我们学习的时代。正因为如此，只要父母愿意，就可以不断地学习，不断地发现适合自己和孩子的教养方式；也正因为如此，海量的信息催生了父母的焦虑——总有新的方法没有学到，总有"别人家的孩子"超出了自己孩子太多，仿佛永远都不可能追得上！于是，我们开始沮丧，开始不安。为了对抗这份焦虑，或是有计划或是不知不觉，父母把这些焦虑转移到孩子身上，因为我们担心孩子"掉队"，担心孩子在将来的竞争中一败涂地，输了人生。

但是，在诊室中，我们看到了太多的孩子还没有真正登上自己的人生舞台就生病了，有从小离开父母的孩子，有家庭关系不和睦的孩子，有父母对待严苛的孩子，有家长要求过高、压力过大的孩子……他们有的不能适应学校生活，有的焦虑强迫，有的无法正常社交，甚至有的孩子小小年纪就抑郁，失去许多生命本该有的希望与热情。冰冻三尺非一日之寒，孩子到这个程度，说明他的成长环境中不利因素的影响已经非常严重。我们写这本书，就是希望父母在养育孩子的过程中，能够掌握基本的养育知识与尺度，尽管没有完美的父母，但是不至于在错误的方向上走得太远。如果在养育的过程中，父母坚守好自己爱孩子的初心，再加上一定的养育原则与技巧，内心有力量不被焦虑的环境裹挟，孩子就很有可能成长得比较健康、顺利。

孩子的成长过程中会遇到很多的情况与问题，每个孩子都不同，每位家长要面对的情况也不尽相同。因此讨论养育孩子的方法与技巧从不同的角度出发可以有很多，我们可以称这些为"育儿之术"；而在这些"术"之下，还有些更为基础的共性要素，这些共性是如此重要，不会因为时代的变化而轻易改变，不会因社会的流行趋势转移而转移，它们可以贯穿人的一生，我们称其为"育儿之道"。

希望我们的书可以成为"授道者"，当您在育儿的过程中遇到了瓶颈，在焦虑的大环境中迷失了方向，翻翻我们的书，说不定它可以帮助您重新找到方向与目标，重获自信与力量。

爱是一切的起始，爱是一切的答案。

致所有爱孩子的父母！

杨丰

2020 年 9 月

目录

第六章 · 关注孩子学习的同时，更应关注综合能力的发展

第七章 · 重视早期养育，培养身心健康的孩子

第八章 • 成长是最好的礼物，陪孩子走好幼儿园那三年

附 录 • 北京回龙观医院临床心理科孕婴幼心理健康辅导中心介绍

第一章

读懂孩子的心，
了解0~6岁儿童的心理特点

1.绝对依赖期（0～6个月）：需要母亲全身心的关爱

大自然的奥秘值得人类永远不懈地去探究，即便科学技术如此日新月异地发展变化，面对大自然，我们仍然会发出由衷的、不可企及的赞叹之声。关于生命的孕育与成长，我们一直孜孜以求其奥义，但直到今天，我们一直还在路上。

人类从一颗受精卵开始，胚胎需要待在子宫里长达280天。细胞经历分裂，再长成组织器官，然后慢慢地变成一个体格健全、功能复杂的人体。在这个过程中，胎儿与妈妈的身体产生了千丝万缕的联系。他们共用血液、共用器官、共用氧气，妈妈的感受孩子都能感受得到，孩子的一个动作也可以引起妈妈极大的喜悦或焦虑。伴随孩子的降临，妈妈会承受痛彻心扉的分娩之痛；对孩子来说，他们又何尝不是用尽全力？试想一下，如果孩子能够保持分娩时刻的记忆，那么可能他会告诉我们，他们在离开妈妈的身体降临到世间时，也经历了极大的痛苦。因为在生命的开始，孩子与妈妈是共生的。

剪断脐带的那一刻，虽然孩子与妈妈从生理上来说成为了两个人，但是孩子还远远没有做好离开妈妈的准备。1岁以前，尤其是0～6个月，是婴儿的绝对依赖期。妈妈的陪伴对孩子来说至关重要，因为孩子的一切活动都要依靠妈妈的帮助来完成，不仅仅是吃喝拉撒，情感上的安全感更是如此。其他人也可以照顾孩子吃喝拉撒，但是却不能替代妈妈给婴儿带来的安全感，因为妈妈十个月的孕育，婴儿能够记得自己妈妈的声音、味道、温度……所有这一切都是孩子安全感的来源。**这个阶段让孩子离开妈妈，孩子感受到的是自我被割裂，对婴儿的伤害无法估量。**

● 0 ～ 6个月是孩子安全感建立的关键期，妈妈的存在不可替代

婴儿呱呱坠地的那一刻，妈妈的孕期终止，虽有不舍，但是在某种角度上来说，这对妈妈无疑是一种解脱。尽管妈妈要面对接下来繁重的养育工作，但卸掉了身体的负担，妈妈可以部分回归到曾经熟悉的生活中。

而这世界的一切对于毫无生存能力的婴儿来说却非常不同，婴儿离开妈妈的身体去面对一个陌生的世界，对他们来说无疑是一个非常大的挑战。从生存角度来说，孩子的每一个需求都无法自我满足，必须依赖妈妈的支持；从心理角度来讲，虽然孩子与妈妈的身体分离了，但在这个阶段孩子还无法分清"自己"与"他人"，妈妈对于0～6个月的孩子来说相当于"自己"。所以，这个阶段妈妈需要一直陪在孩子身边，解决他的困扰，拥抱他，爱抚他，使他感觉安全又舒适，这是一个0～6个月孩子成长的理想环境，而且，这个环境是不可替代的。

心理咨询诊室里来了一位小患者，女孩，5岁，名叫俏俏，幼儿园中班。爸爸带着小姑娘来看医生，从进入诊室开始，小姑娘就紧紧靠在爸爸身上，不敢直视医生的眼睛，稍有眼神交流就赶紧缩到爸爸身后，对医生的提问也不回答。

从俏俏爸爸那里我们了解到：俏俏是独生女，一出生她妈妈就离开家了，爸爸要上班，就让孩子奶奶在家照看孩子，孩子每年只能见到妈妈一次。俏俏从小就特别听话，性格内向，在幼儿园不爱说话，也不怎么和别的小朋友一起玩。因为妈妈很少回家，奶奶与妈妈的婆媳关系也不好，奶奶经常在俏俏面前说妈妈的坏话。渐渐地，俏俏的话越来越少，在家还会偶尔说几句，但在幼儿园却完全不说话，老师请父母带孩子来看看医生。

他们离开时，医生给了孩子两块巧克力，孩子不接，也不说话，只是害羞地低着头，医生说："我给爸爸，俏俏想吃时问爸爸要好不好？"孩子终于点了头，医生轻轻摸了摸俏俏的头说："俏俏真是个好姑娘啊！"孩子

居然抬头看着医生笑了。

在心理诊室里会经常遇到类似遭遇的孩子，他们的父母由于各种原因在孩子一出生时就离开了，将孩子交给他人抚养。这些父母认为，孩子这么小，活动范围有限，也什么都不懂，只要请人照顾好孩子的吃喝拉撒，保证孩子的平安健康就好了。其实，这是非常大的误解，**越是小的孩子，对妈妈的需求就越强烈**。

0～6个月的婴儿认为妈妈和自己是融为一体的，他们还没有"你""我""他"的概念，妈妈的离开等同于"割裂自己"。所以**这个时间段一定请妈妈亲自照料自己的宝宝，这对孩子安全感的形成至关重要**。这个阶段和妈妈分开的孩子，会有被抛弃的感觉，无法形成安全感，长大后也无法信任这个世界，他们可能会在成长过程中遇到各种人际交往问题，甚至可能发展成精神分裂症和人格边缘障碍等精神类疾病。

● 如何照料绝对依赖期的宝宝

绝对依赖期的宝宝需要父母全身心地去照料，有人提到对这个阶段的宝宝进行哺乳、睡眠甚至大小便的训练是不尽科学的。

（1）让孩子感受到自己是世界上最重要的人。0～6个月的孩子最需要的是妈妈，妈妈要释放自己天然的母性，做个温暖体贴的妈妈，让孩子感觉自己是被完全关爱和接纳的。爸爸要做好后勤工作，让妈妈可以把精力尽可能多地花在养育孩子上。

（2）按照孩子的节奏做父母。这个阶段，父母要把孩子当成生活中最重要的人去对待。仔细地观察和了解孩子，精准地理解孩子的需求并及时给予回应，而不是按自己的需求或一些育儿法上的规则来养育孩子，忽视甚至无视孩子的需求，将孩子的节奏训练成自己需要的节奏。

（3）0～6个月的孩子不会被宠坏。这个阶段父母的完全包容、养育环境的安全与温暖影响到孩子安全感的形成。如果这个时间段孩子可以被完全地照顾和关爱，将会为孩子长成一个信任有爱的人奠定坚实的基础。所以父母完全不用担心太过满足孩子的需求会造成溺爱的不良后果。

心理小课堂

　　0～6个月是孩子安全感建立的关键期。家长一定要把握好这个至关重要的时间段，用心地陪伴在孩子身边，这将为孩子的将来和家庭的幸福奠定坚实的基础。

2.相对依赖期（6个月～1岁）：建立信任感的关键期

养育孩子的过程虽然辛苦，但也乐在其中。6个月的时间转瞬即逝，在这初生的6个月里，孩子的成长可谓"日新月异"，他们从一个连头都无法自由扭转的新生宝宝，变得会翻身、会坐立，甚至有的宝宝已经开始模仿爬行了！而这段时期，随着孩子的逐渐长大，他们与父母的互动也丰富有趣了许多。孩子们会很容易被有趣的玩具和行为逗笑，并且他们可以通过笑和哭泣清晰地表达自己开心与否，亲子之间的互动变得高效了很多。

从儿童心理发展的角度来说，孩子6个月左右就开始能够意识到自己与母亲是独立的两个人了，也就是说，孩子会开始明白——原来妈妈并不等于"我"。当孩子明白了这一点之后，一方面，他们会开始追求自我成长；另一方面，他们能够更加清晰地感受到自己对妈妈的需要，并且这种需要得经过妈妈的配合才能被满足。如果孩子需求没有得到满足，这很容易引起孩子的焦虑，影响孩子最初的信任感的建立。

● 6个月～1岁是孩子信任感建立的关键期

6个月～1岁是孩子建立信任感的关键期，这时候的孩子开始意识到自己与其他人是不同的个体。所以，在这个阶段，周围的人和环境对孩子需求的反应就显得非常重要。如果在这个阶段，妈妈陪伴在孩子身边，及时地观察并满足孩子的需求，同时帮助而不是制止孩子最初的成长探索，孩子就能认识到周围环境是"可靠的""可信赖的"，形成对这个世界的基本的信任感，特别是对妈妈和周围亲密家人的信任感。

诊室里来了一个随奶奶来看病的女孩，叫小菊，13岁。看上去很健谈，话题都是以自我为中心，不停地表达自己的想法。医生多次打断才停了下来。

孩子的奶奶这样描述她的情况：

因为小菊的父母在外做生意，所以她从小和爷爷奶奶一起生活。小菊学习成绩中等，但一直和班上的同学相处得不太愉快，大家都不爱和她玩。奶奶也隐约觉得孩子不合群，但也没有多关注这一点，只想着孩子长大就好了。

前不久，小菊的爸爸突患重病，爷爷奶奶很着急，把存款都取出来准备给爸爸动手术。没想到小菊却不同意了，她的理由很简单——钱都花完了，自己的生活怎么办？她本来计划暑假去西藏旅游的，钱全花出去了，自己不得节衣缩食了？！再说，就算花了这个钱，爸爸也不见得能痊愈，到时候钱就打水漂了。

家人听到小菊的这番言论，震惊之余也非常伤心。但他们没有听小菊的，爷爷奶奶仍然动用了储蓄给爸爸动手术，小菊知道后开始歇斯底里地发脾气，摔盘摔碗，甚至动手打了一直照顾自己的爷爷奶奶。家人觉得事态严重，这才带孩子来医院看看。

小菊是个以自我为中心的孩子，这种性格的形成与她的成长经历是息息相关的。她从出生起就基本没有被父母亲自照料过，尽管爷爷奶奶尽职尽责，但也仅仅局限于安排好孩子的饮食起居，至于心理和精神方面的需求并没有给予她足够的关照。而这方面的缺失会直接导致孩子安全感、信任感的丧失，极有可能使孩子长大后变得情感淡漠、性格忧郁，无法体会正常的情感，也无法正常地表达自己的情感。这样的孩子在人际交往方面会出现很大的困难，因为他们缺乏对外界的信任感，不能体会这个世界的善意与支持，也不能坦然、无疑虑地面对这个世界。所以，案例中的小菊看似"无理取闹"，其实"情有可原"，她在"危机"发生的时候因为缺乏基本的安全感和信任感，必然不会割舍自己的利益去帮助他人，因为在她心里觉得唯有自保才是最重要的。

● 如何照料相对依赖期的宝宝

相对依赖期的宝宝一方面仍然需要妈妈贴心的照料；另一方面，他们开始了自我认证的过程。**在这个时期里，宝宝们需要妈妈用细心又开放的心态来照顾他们。**

（1）满足孩子的需求仍然是主要任务。6个月～1岁的宝宝在行动能力上比刚出生的宝宝有了长足的进步，但仍然无法自我保护，尤其当他们开始爬行和学步时，妈妈需要付出更多的精力去照顾能力有限但探索欲强烈的宝宝。这个阶段妈妈要提供稳定的支持，让孩子在一个稳定、安全、有爱的环境里发展自我。

（2）回应要及时，但要给孩子探索的空间。对于6个月～1岁的宝宝来说，仅仅有温饱、充足的睡眠和慈爱的妈妈已经不能使其满足了。孩子们开始认识自我、探索自我，在这个过程中，他们既需要保护又需要小小的挫折，循环往复方可完成"自我认证"。这个阶段里，在保证安全的前提下，家长可以适当放手任孩子自由发展。既调动起孩子内在的力量，又不让其感到太过受挫；既要及时给予回应，又不能限制其发展。这个"度"要妈妈用心陪伴才能把握。譬如，孩子想要高处的玩具，示意妈妈帮忙，妈妈可以不必每次都那么及时地取下来，但回应要及时，切勿忽视。妈妈可以说："宝宝想要那个玩具啊，好的，我们一起想想办法。"这个过程既重视了孩子的需要，又让孩子有了"遇到问题勤思考"的初步意识。

心理小课堂

6个月～1岁是孩子的相对依赖期，也是孩子信任感建立的关键期。在这个时期里，孩子开始认识自我、发展自我。作为家长，在这个时期里用心地陪伴孩子，用正确的养育方式教养孩子是非常重要的，它能够帮助孩子成为一个乐观友善、具有良好社会适应性的孩子。

3.相对独立期（1～3岁）："实践"与"依赖"相互切换

如果父母在绝对依赖期（0～6个月）和相对依赖期（6个月～1岁）给予了孩子充足的理解与照料，那么孩子在接下来这个年龄段（1～3岁）就会发展出一个比较健康稳固的内心世界——小小的人儿已经准备好去探索大大的世界了。

1～3岁是儿童的相对独立期，为什么这么说呢？因为1岁的孩子不仅仅开始蹒跚学步、牙牙学语，在生理上开始变得独立，更重要的是，他们在心理上也正经历着一个循序渐进的独立过程，从关注"自己"和"母亲"发展到关注"外部世界"。如果仔细观察，你就会发现，**这个阶段的孩子会在"独立探索"与"寻找母亲"之间反复，以满足他两方面的心理需求——实践与依赖的需求。**

● 实践与依赖——相对独立期的两个主题

在相对独立期（1～3岁），孩子们会在"探索外部世界"和"主动回到妈妈怀里"两种模式中来回切换。心理学把孩子"探索外部世界"称为实践，把"主动回到妈妈怀里"称为依赖。

人们经常可以看到这样的情景：刚学会走路的小宝宝在妈妈的陪伴下练习，他们会以充满热情的蹒跚步伐走在妈妈前面，他们的脸上满是兴奋与欢乐。万一摔倒了，只要不是很痛就会马上很努力地爬起来，继续这个令人刺激又快乐的活动。有那么一刻，他们好像已经忘记了跟在身后的妈妈，但是某个瞬间，他们又会突然回头寻找妈妈，如果这个时候妈妈在不远不近的身后，孩子会欢笑着扑入妈妈的怀中！这个"走出去"又"跑回来"的过程，就是实践与依赖相互切换的过程。在这种反反复复的切换中，孩子们会学会独立和自信，逐渐成熟和稳固自己的认知、情绪等内心世界。

楠楠是个3岁多的小男孩，妈妈带他来诊室时，两人脸上都带着隐藏不住的怒意。楠楠的脸上还挂着泪痕，他是被妈妈拽着进来的。

妈妈这样说道：

楠楠现在非常暴躁，一点点小事不如他的心意就会发脾气，有时候还会摔东西打人，经常要大闹一场才能平息他愤怒的情绪，教训过他很多次也没有用。但是在幼儿园时，楠楠却很听老师的话，虽然还是比较容易和小朋友起冲突，但是比在家里能更好地控制自己的情绪和行为。另外，楠楠从小不太合群，从来不和一群小朋友一起玩，群体活动更是不愿意参加，只是默默地站在一旁看着。一开始是怕脏、怕受伤，后来就干脆只要是群体活动就都不参加了，不管家长鼓励还是强迫都不怎么管用。

在妈妈和医生交流的过程中，楠楠一直没有说话，一脸愤怒地看着窗外，医生问他他也不愿意回答或者很生气地顶嘴。

经过询问，我们了解到楠楠小时候的成长经历：

楠楠从小是奶奶帮着带大的，白天爸爸妈妈要上班，都是奶奶在带。奶奶是个生活很精细的人，家里打理得一尘不染，对孩子也保护得很好，吃饭穿着都非常讲究。但是奶奶对孩子的限制也比较多，从孩子能自己活动以后，奶奶经常挂在嘴上的话就是"不可以"。比如，"不可以碰，脏！""不可以自己走，你还不会走，小心受伤！"等，楠楠被管束得很厉害，一开始楠楠还试图违背奶奶的意愿，但是奶奶"威逼利诱"，说"脏东西会咬手""走楼梯会磕破脑袋"，吓得楠楠每次尝试都不了了之。后来楠楠就慢慢地认同了奶奶的那一套，小朋友们摸爬滚打时，他在旁边看着，奶奶为此很欣慰，认为自己的孙子既听话又干净还不受伤。可是楠楠虽然按奶奶说的做了，但也变得在外越来越胆小，在家越来越暴躁。

这样的例子在生活中也不难看到，也许不完全一样，但是会有很多熟悉的"影子"。过多的限制和干涉会让孩子在"探索世界"时受阻，如果同时伴以"威逼利诱",那么孩子的探索欲望会被压抑得越来越厉害。这样做的后果就是孩子变得逐渐丧失自信,不愿意尝试,而他们被压抑的探索欲望则极有可能会转化为负面情绪宣泄出去,比如愤怒。

● 如何养育相对独立期的孩子

其实,抓住"相对独立期"这个词中的两个关键词,就能知道这个阶段关于孩子的养育要点了,这两个关键词就是"相对"和"独立"。家长既要满足孩子这个阶段独立探索世界的需求,又要把握好度。

(1)温柔地鼓励孩子前行。相对独立期的孩子,刚开始对世界产生无限的好奇,但是自身的能力却还不足以支持他完全独立地去探索,此时妈妈对孩子的支持就显得必要且重要。孩子的心如他们娇嫩的身体一样柔软脆弱,第一次尝试一定是战战兢兢的。妈妈温柔但坚定的鼓励会给孩子力量,他们相信妈妈的允许是安全的保证。妈妈要避免包办、代替,而是用温柔的双手推着孩子踏上前行之路。孩子努力探索获得的每一点成功都需要妈妈及时的欢欣与赞美,遇到的每一点挫折都需要妈妈的鼓励与支持。这一点一点的进步与成长会慢慢转化成孩子的自信与自尊。

(2)张开双臂欢迎孩子"回来"。世界很大、很奇妙,短暂的冒险之后,孩子会带着他们的收获与挫败回到妈妈的怀抱,与妈妈分享或者寻求妈妈的安慰与帮助。妈妈温暖的怀抱与笑脸将是对孩子最好的反馈与支持。孩子会知道:妈妈一直在这里,不管遇到什么困难都有妈妈在帮我。

另外,需要特别提醒的是:1～3岁的孩子最主要的养育者仍然是妈妈,爸爸可能有部分参与,但对孩子来说最重要的仍然是妈妈。这个阶段妈妈可能开始上班了,但是要注意每天都保障有足量又稳定的时间陪伴照料孩子。如果不能满足,也要有稳定的养育环境与其他的重要养育人,尽量减小妈妈陪伴的缺失对孩子造成的伤害。

心理小课堂

养育1～3岁相对独立期的孩子，控制型、忽视型的养育方式都是不可取的，家长宜采用允许、鼓励与接纳的态度养育孩子。

4.第一反抗期（2～3岁）："小天使"变身"小恶魔"

有一句英文是这样形容2～3岁孩子的："Terrible 2，Horrible 3"，翻译过来就是"可怕的2岁，恐怖的3岁"。为什么这么说呢？因为这个时期的孩子正在经历一个特殊的阶段——"第一反抗期"。这个时期的孩子经过了上一阶段"相对独立期"的探索，又有了新的成长，对他们所了解的世界有了自己的判断，也有了一定的能力。所以孩子开始对外界提出自己的看法，试图掌控自己的生活。这是一个非常大的进步，虽然会有些"反抗时期的小麻烦"，但是父母应该持正面的态度看待这个阶段的变化，不可以再仅仅依照自己的想法去决定孩子的生活，要把决定权"还给"孩子。

● "不听话"是孩子在成长的证明

2～3岁的孩子有一个突出的特点：不听话。他们凡事喜欢自己做，即使做不好，甚至会搞得一团糟也坚持自己做。这个时候需要爸爸妈妈用温柔、耐心、接纳的态度来应对孩子带来的种种麻烦。要知道，这其实是**孩子的"自主性"**在萌芽，父母不仅不用过分焦虑、害怕，还要有技巧地保护好孩子的自**主性**。父母利用这个机会善加引导，教会孩子如何做人做事，如何与人相处，如何表达自己……如此这般，孩子的心理状态才有可能健康发展。

2018年，北京回龙观医院成立了首家"孕婴幼心理健康指导中心"。这个中心服务的对象包括孕妇、0～4岁的正常孩子和家庭，也服务一些心理发展中遇到障碍的孩子（具体情况可见书后附录）。在这个门诊经常会遇到2～3岁的孩子和孩子父母前来就诊，小妹就是其中一个。

3岁的小妹是和爸爸妈妈一起来门诊的，她从进门开始就无精打采的，总是低垂着眼帘。爸爸妈妈在和医生说话的时候，她时不时露出委屈的表情，看上去马上就要哭出来了。

妈妈这样说道："这女儿从小是我们和姥姥姥爷一起带大的，是家里的小公主，全家人的日常就是围绕怎么让她更好地成长展开的。平日里，我们白天上班，都是老人带小妹。老人照顾孩子特别仔细，饮食搭配科学，睡眠保证时间，有关孩子的一切都打理得井井有条。可是最近，孩子变得特别不听话，总是大哭大闹，没完没了，非要做大人不让做的事情，像变了个人似的，全家人都很烦恼。"

心理师问："孩子要做什么事？大人为什么不允许？"

妈妈回答："都是些她不会做的事情啊。譬如，非要自己穿鞋啊，她连鞋的正反都分不清，不让穿就哭。好不容易哄好了刚出门，坐电梯非要自己按钮，根本就够不着，别人按了就不答应。吃饭也是，自己吃饭总往外撒，还不让我们喂，这还不算，非要自己用筷子，她这么小怎么会用筷子呢，吃一顿饭撒得到处都是。就类似这样的事情，每天层出不穷。我们的工作量大了好多，也被她搞得特别烦躁。她自己脾气也非常不好，动不动就大哭大闹。不知道为什么她突然就这个样子了。而且现在她还学会了顶嘴，整天嘴上就挂着"不要不要"，我们也不知道孩子怎么就变成这样了，之前是个很乖的孩子，大人说什么听什么，非常好带，现在和以前比简直就是天差地别。"

看到这里，相信养过孩子的人都有同感，许多孩子在两三岁时都会有那么一段时间让人非常无奈。无论家长说什么，孩子都回答"不""不要"，专门跟家长对着干，似乎孩子就是为了反对而反对。曾经的"小天使"仿佛一夜之间变身"小恶魔"！

随着儿童心理学和教育心理学的发展，现在人们了解到，这些"对着干"其实是儿童在成长过程之中的必经过程，它是孩子在成长的证明，父母不需要过度焦虑，也不需要急着"教训"孩子，要遵循孩子的心理发展规律，科学对待逆反期的儿童。

● 如何与第一反抗期的"小恶魔"相处

第一反抗期是孩子成长过程中的一个自然阶段，每个孩子的表现都会有所不同。有的孩子可能和风细雨地就度过了这个阶段，不会让家长太头痛。而有的孩子可能会表现得非常强烈，令家长不知所措。一般情况下，这个阶段会随着孩子的长大自然度过，但前提是家长能够正确对待与引导。

面对第一反抗期的孩子，家长应该注意以下3点。

（1）理解孩子行为背后的原因，从容应对。面对进入第一反抗期的孩子，家长心态平和非常重要。家长要认识到，孩子的不配合和倔强是孩子自主性的表现，爸爸妈妈的包容理解是对孩子最好的教育，粗暴压制和不当纵容都是要避免的。

（2）尊重孩子的需求，在安全合理的范围内允许孩子的要求。尽管孩子的能力有限，很多事情还做不好，父母还是要给孩子机会，允许孩子自主学习。如果因为怕孩子做不好就禁止孩子实践，那么孩子永远都做不好。父母的允许，不仅仅会帮助孩子收获新技能，还能让孩子感受到父母深厚的爱，增进亲子感情。

（3）面对孩子的不合理要求或无法满足的要求，以孩子能听懂的语言讲清楚原因，坚定温和地拒绝。如果孩子的要求确实无法满足，这些要求或许是不安全，或许是不合理，父母都不要急躁，要心平气和地和孩子讲清楚，尽量以孩子能理解的语言来表达。如果孩子哭闹，家长要表示理解，但要温和坚定地拒绝他的要求。即使孩子反复哭闹也不要冲孩子发火，毕竟已经拒绝了孩子，难道还不允许孩子将其不满情绪表达出来吗？

心理小课堂

第一反抗期的到来可能让家长第一次体会到育儿的"心理挑战"，因为除了体力工作之外，家长会开始感受到来自孩子内心世界的不理解与反抗。

5.俄狄浦斯期（3～6岁）："性"意识开始启蒙

"俄狄浦斯期"是精神分析学的术语，最初是由弗洛伊德提出的。他认为孩子在3～6岁这个阶段都有"俄狄浦斯情结"，也就是我们俗称的"恋母情结"。从这个阶段开始，孩子就有了性的意识，他们会变得更愿意跟异性的父母亲密，同时会对同性的父母表现出排斥行为。

● "俄狄浦斯期"——性别认同的关键时期

要想具体知道什么是"俄狄浦斯期"，可以先了解它的来源。"俄狄浦斯期"这个名词来源于古希腊神话《俄狄浦斯的悲剧》。

俄狄浦斯是一个希腊的王子，他的亲生父母是忒拜的国王拉伊奥斯和王后约卡斯塔。在他刚出生的时候，有神谕表示他会杀死自己的父亲，迎娶自己的母亲。父亲知道后，为了避免这些不幸的事情发生，就刺穿了俄狄浦斯的脚踝，并将他丢弃在野外等死。然而奉命丢掉王子的牧人心生怜悯，偷偷将俄狄浦斯转送给忒拜的邻国——科任托斯国，没有子嗣的国王波里玻斯和王后墨洛柏认俄狄浦斯作养子，波里玻斯把俄狄浦斯当亲生儿子一般抚养。

多年后，俄狄浦斯长大了，从一些途径他知道了关于自己的那道"弑父娶母"的神谕。当时的他并不知道波里玻斯和墨洛柏不是他的亲生父母，为了避免神谕成真，俄狄浦斯离开了科任托斯国。

俄狄浦斯流浪到忒拜，当时的忒拜被狮身人面兽斯芬克斯所困。斯芬克斯要求过路人解答"早晨用四只脚走路，中午用两只脚走路，晚上用三只脚走路的动物是什么"的谜语，如果那人解不开，它便将对方撕裂吞食。

忒拜的国王拉伊奥斯希望通过神谕找到击退斯芬克斯的方法，在走向

读懂孩子的心，陪伴0～6岁孩子成长

特尔斐神庙的途中，与朝着忒拜城方向行走的俄狄浦斯狭路相逢。因为狭窄的道路只能容纳一人通过，而两个人又互不认识对方，国王拉伊奥斯粗暴地命令俄狄浦斯让路，俄狄浦斯盛怒之下与拉伊奥斯争斗，最后将其杀死。当然他并不知道杀死的就是自己的父亲。

俄狄浦斯进入忒拜城之后，看到一个告示，上面说，谁能解开谜题，从斯芬克斯手中拯救城邦的话，便可获得王位并娶国王的遗孀约卡斯塔为妻。聪明的俄狄浦斯解开了斯芬克斯的谜语，谜语的答案就是人——"早上"相当于人的幼年（爬行），"中午"相当于人的青年（走路），"傍晚"相当于人的老年（用拐杖走路），斯芬克斯在羞愧中自尽。

俄狄浦斯拯救了忒拜城成为了国王，并且迎娶了王后约卡斯塔，同时也应验了他"弑父娶母"的神谕。

后来，受俄狄浦斯统治的忒拜不断有灾祸与瘟疫，俄狄浦斯因此向神请示，想要知道为何会降下灾祸。最后在先知提瑞西阿斯的揭示下，俄狄浦斯才知道他是拉伊奥斯的儿子，并且娶了自己的母亲。震惊不已的约卡斯塔羞愧地上吊自杀，而同样悲愤不已的俄狄浦斯则刺瞎了自己的双眼。

这个神话和3～6岁孩子心理机制有相似之处。这个阶段的孩子非常迷恋异性父母，男孩热爱妈妈，想要取代爸爸在妈妈心中的地位，即为"恋母"；女儿希望取悦爸爸，成为爸爸最爱的人，即为"恋父"。这个阶段的孩子可能会表现出对同性父母的排斥与敌意，但是很快会转变。既然爸爸妈妈相爱，那么男孩会通过模仿爸爸，女孩会通过模仿妈妈来实现他们的愿望。当然结果是不会成功的，但是在这个过程中，男孩完成了对自己男性性别的认同，女孩完成了对自己女性性别的认同。

● 对"俄狄浦斯期"孩子最好的教育——父母相爱

"俄狄浦斯期"到来时，孩子可能会有很多的担忧、烦恼，甚至恐惧，这时候父母的态度就显得非常重要。如果这个阶段不能顺利度过，那么可能在将来会引起孩子生理、心理上的各种问题。

门诊来了一对夫妻，带着他们5岁的儿子。小男孩名字叫哲哲，他是牵着妈妈的手走进来的，落座后一直紧紧地靠在妈妈身上。医生问他问题时，哲哲的目光总是望向妈妈，希望从妈妈那里获得认同。

妈妈这样描述道："哲哲是家里唯一的孩子，从他出生开始，我就辞掉了工作，全心全意地投入到孩子的养育中。我老公肩负起家里的经济重担，陪伴我们的时间比较少。我们夫妻二人关系还可以，只是因为他在家时间少，我比较辛苦，难免会有所抱怨。从小哲哲就是个非常体贴的小男孩，很懂事，有什么问题只要我们讲清楚道理他就可以接受并改正错误。最近，我们觉得哲哲发生了些变化，变得特别黏我，总要抱抱亲亲，什么事都要我帮他弄，不要爸爸。如果看到爸爸和我稍微有些亲密举动就让爸爸走开，还经常和爸爸顶嘴，态度很不好，有时候甚至会模仿我的语气来指责爸爸。我觉得可能是自己平时对我老公的态度影响到了孩子，所以有意识地注意不在孩子面前说爸爸不好，但孩子依然没有改变，对爸爸和对我的态度差别非常大。我很困惑，所以特地挂个号来咨询一下。"

这个案例非常具有代表性，哲哲这是进入了"俄狄浦斯期"。他开始感受到了自己对妈妈强烈的爱，希望自己是妈妈最爱的人，所以总是想赶走爸爸、取代爸爸，成为妈妈心目中那个最重要的人。

那么，家长如何应对"俄狄浦斯期"的孩子呢？

（1）帮助孩子度过"俄狄浦斯期"最简单的方法就是父母相爱。**父母之间互相尊重、充满爱意，是帮助孩子度过"恋父"或"恋母"情结的最好方法**。案例中哲哲的爸爸如果能够把更多的精力投入到家庭里来，分担妈妈的压力，好好爱妈妈，妈妈就不会心生抱怨，孩子自然也就不会"指责"爸爸。慢慢地，哲哲会通过自己看到"爸爸爱妈妈"的事实，慢慢认同爸爸，认同自己的男性角色，因为他会逐渐明白"我的父亲就是这样爱我母亲的，而我母亲也很快乐"。通过这种解读，孩子就能知道如何获得异性的认可和喜欢，性别认同就能够很好地完成了。

另外，值得注意的是，在这个阶段，孩子可能对自己的同性父母不尊重，总是发起挑衅。这个时候同性父母可以适当得"强硬"一些，让孩子感到爸爸或妈妈是"那么难以打败"。这样可以进一步激发孩子模仿欲望，从而更好地帮助孩子认同自己的性别身份。

（2）让孩子接受，自己并不是异性父母唯一爱着的人。这个阶段的孩子已经可以进行稍微深刻一点的谈话了。父母可以直接与孩子交流，比如"爸爸妈妈爱你，同时也爱自己的妻子（丈夫）"，如果家中有其他兄弟姐妹，爸爸妈妈也可以表示同样爱着其他的孩子，帮助孩子正视这个现实，并接受它，让"俄狄浦斯期"更顺利地度过。

心理小课堂

3～6岁是孩子自我性别认同的关键期，也是孩子性意识的萌芽期，健康顺利地度过这个时期对孩子的社会化有着深远的意义。

6. 0～6岁是孩子性格底色的决定期

笔者在心理门诊对来访者进行问诊时，会尽可能地多了解来访者的童年经历：这个人0～6岁是如何度过的？是父母亲自养育长大的吗？有过什么印象特别深刻的经历吗？有过什么严重的创伤吗……这样做的原因是因为心理师深刻地知道，0～6岁的童年经历决定了人一生的心理基调，影响深远，贯彻始终。所以心理师认为，无论怎么强调人0～6岁心理发展的重要意义都不为过，因为0～6岁是人一生性格底色的决定期。

● 0～6岁时期，父母不能缺位

0～6岁是一个人形成最基本的人格的发展奠定期。形成一个稳定健康人格的基本要素包括：安全感、信任感、自信心、同理心、人际交往模式、规则秩序等，这些都是在这个阶段建立起来的。父母的缺位会让孩子没有安全感、信任感，丧失自信，形成自卑、敏感，无法与人建立亲密关系的性格，严重些的会出现反社会型人格障碍、边缘型人格障碍甚至精神分裂。**如果孩子从未得到过无条件的爱，世界从未温暖过他，那么他投向世界的也将是黑暗与阴影。**

在儿童心理诊室中，可以看到形形色色来就诊的孩子与家庭。除少数是因为遗传或者外伤引起的精神问题外，绝大多数都是健康出生的孩子，但是养育的环境与方式却让他们走进了心理诊室。他们有的小小年纪就重度抑郁，甚至轻生；有的因为无法适应学校生活而辍学在家；有的反抗叛逆，无法与他人甚至家人共处……经过测查与成长史了解后，几乎所有的孩子都有过幼年与父母分离的经历，短则几个月，长则整个童年时光。

这些孩子的父母，有些已经认识到问题的根源，非常懊悔，想尽办法补救，但是收效甚微。不过只要找到问题所在，家长用心陪伴与尊重，孩子就会慢慢往好的方向发展；有的父母根本没有意识到缺席孩子0～6岁成长期的严重性，当问到他们孩子小时候谁带时，他们一口回答：我们自己带啊，就是3岁前在老人那里，上幼儿园后就回来了。他们不知道的是，他们错过了孩子0～3岁这个至关重要的成长阶段。就是这个错过，引起了现在的问题。

0～6岁阶段父母的缺位会给孩子带来不可逆转、不可估量的伤害。这种伤害会在孩子青春期甚至成年后以意料不到的方式呈现，给孩子和家庭带来阴影。所以，0～6岁时期父母不可缺位，特别是0～3岁，有调查显示，即使是一周的分离都可能给孩子造成较为明显的负面影响。

● 0～6岁时期缺失的爱很难弥补

这个世界上绝大多数的父母都是爱自己孩子的。有了孩子，所有的拼搏奋斗都有了更加清晰的目标和更加强大的动力。父母希望尽自己所能给孩子最好的，最害怕孩子生病和受伤，希望孩子永远都健康快乐，孩子的笑脸就是对父母最大的鼓励与嘉奖。但是，父母可能很容易忽视一点：比起物质缺失给孩子造成的遗憾，0～6岁父母不在身边给孩子造成的痛苦更加伤害孩子，这种伤害是深远的且日后很难弥补。

人的情绪感受对人的影响力是不可估量的。即便是理智成熟的成年人，感情上的伤害都可能无法承受，何况天真脆弱的孩子。0～6岁父母的缺位于孩子来说，可能会认为是被抛弃，带来深入骨髓的绝望与恐惧，这种感受与情绪会深深埋藏在孩子体内，影响其一生。**我们爱孩子，尽可能不要在孩子最需要父母的时候离开孩子**，不要在孩子的人生起始种下不安与恐惧的种子，否则只能给孩子造成终生的、心理上的遗憾，即便父母之后做出弥补也只是亡羊补牢而已。

香港影、视、歌三栖明星张国荣是很多人心中的至爱偶像。2012年4月1日，张国荣因抑郁症跳楼自杀身亡。消息传来，人们都不敢相信，因为张国荣在人们心目中是闪闪发光的偶像，拥有那么多普通人不可企及的财富、名望，怎么会在功成名就、顺风顺水时选择结束自己的生命呢？这让很多人都想不通。

其实，张国荣的性格一直是忧郁且敏感的，这种性格和他不愉快的童年经历有非常大的关系。张国荣的父亲是香港非常有名的裁缝，很多名人都是他的常客。母亲是大户人家的女儿，和父亲一起打理家里的生意，但是二人夫妻关系并不好。作为父母，他们非常不称职，孩子们从小不和他们一起生活。在张国荣的童年里，父亲是长期严重缺位的，母亲也和他非常疏离。另外，张国荣是家中最小的孩子，年纪最小的哥哥也比他大8岁。所以，孤独是张国荣童年的主要感受。他曾经在采访中这样评价自己的童年："没有什么值得我去记忆，也没有什么值得我去留恋。"

父母陪伴的缺失和父母关系的恶劣都给张国荣的心理留下了巨大的阴影，这样的童年经历奠定了他忧郁敏感的心理底色。即便成年后功成名就，万人追捧，家中兄弟姐妹为了弥补儿时的缺失也经常相聚，但是他心中的孤独和抑郁始终挥之不去。我们不知道"压垮骆驼的最后一根稻草"是什么，但是我们认为张国荣的童年经历一定是这个悲剧的原因之一。

孩子之所以需要特殊照料，一方面是因为他们在生理上还未发育成熟，无法独自面对这个世界的各种挑战；另一方面是因为他们在心理上也极为幼稚，甚至不知道"我是谁"，需要父母的细心呵护才能使其心理逐渐成熟。很多父母在生理上对孩子关照很多，各种喂养的书籍摆满了桌案，但是却忽视了孩子心理上的陪伴和教育，动辄打骂、批评、埋怨……要知道，**孩子的身体终将成熟，但不良的童年经历却会影响他们一生。**这样的孩子即便将来生活顺利，也可能无法感受到生活的快乐与意义，只会觉得非常痛苦。

作为带孩子来到这个世界的人，父母有责任给孩子营造一个安全、有爱、温暖的环境。在这个环境中，孩子是被父母完全接纳的，他们可以放心大胆地去成长、体验和探索。而在这种教育环境中长大的孩子，会有更强大的心理能力与储备去迎接属于他们的人生征程。

● 掌握0~6岁孩子的心理特征，顺应孩子发展的节奏

重视0~6岁孩子的心理发展，前提是要了解这个阶段孩子的心理发展特征（前面几个小节已经进行过描述）。父母要有学习的意识和能力，不能仅凭自己从老一辈那里传承到一些理念和方法去养育孩子。要尊重孩子的心理发展规律，顺应孩子的发展节奏，学习如何与孩子沟通和交流，与孩子一同面对成长与生活的压力，这样才有可能培养出身心健康的孩子。

● 0~6岁是孩子给父母的礼物

我们一直在讨论，父母的陪伴对0~6岁的孩子来说意义重大，一直强调的是父母的责任与重担。这样看下来，父母难免觉得有压力。其实，**换个角度来思考，孩子的0~6岁其实是上天给父母最好的礼物。**

完全的信任和无条件的爱是最纯粹的亲密关系，是这世界上最高级别的情感体验。 0~6岁阶段的亲子之爱就是这样的情感。0~6岁孩子对父母的爱是无条件的，不论贫穷或者富有、健康或者疾病，孩子都不会改变对父母无条件的爱。这样的情感体验一生只有两次机会。一次是我们童年时对自己父母的完全信任和无条件的爱；另一次机会就是当我们的宝宝到来时，仿佛天使降临，我们将体验到无条件的、超越一切的爱与信任。

父母与孩子之间流动的爱是最感人的。当这种爱到来时，建议父母要带着感恩的心体验它、铭记它，不要因为压力与疲惫而错过。所以，**为人父母要带着喜悦与感恩之心去陪伴我们的孩子，好好珍惜这份最美的礼物。**

心理小课堂

0~6岁是人生的一枚"彩蛋"。顺利幸福的童年可能给一生都带来好运与力量；相反，不幸的童年可能需要一生去疗愈。

第二章

教育孩子之前，
先反思自己的受教育模式

1. 家庭教育模式会"遗传"

在生养孩子之前，父母应该回头看看自己的成长之路、思考自己所受的家庭教育模式，因为，家庭教育模式是会"遗传"的。

● 你曾经的家庭教育模式，极大概率上就是你孩子的家庭教育模式

中国有句俗语叫"龙生龙，凤生凤，老鼠的儿子会打洞"，话虽粗糙，但是在一定程度上确实是有道理的。人们一直都知道原生家庭对一个人的一生会有什么样的影响。除了遗传基因这个不可改变的因素，比起家庭财力、权势这些"硬"指标，我们在这里更加强调家庭的教育理念和方式等"软"指标对孩子的影响。因为"软"指标造就了孩子的内在，外在的"硬"指标也是要通过"软"指标才可以对人发生作用。

诊室里来了一个小男孩，名字叫小荣，刚上小学，是爸爸妈妈陪着来看医生的。小小的他从坐下后就一直低着头，左眼时不时抽动一下，无法自我控制，说话声音很小，话也很少。医生问他爸爸妈妈对他怎么样时，他沉默了很久，红了眼圈。医生抬眼望向他的父母，看到了妈妈的尴尬和爸爸的面无表情。

妈妈描述了大致情况：

小荣是家中唯一的孩子，爷爷奶奶、姥爷姥姥还有父母都对孩子寄予厚望。小荣的爷爷是军人，家教非常严格。小荣的爸爸小时候就很少和自己的父亲有温情的交流，父亲对他都是命令式的管教，如果犯了错误也是体罚为主。等小荣出生后，小荣爸爸就把自己小时候受教育的那一套照搬过来，对小荣非常严苛，很少给笑脸，也不允许孩子犯错。

小荣妈妈是公务员家庭出身，虽然不像军人家庭那样严苛，但也比较

注重规矩。所以当爸爸对小荣"严格要求"的时候，她虽不是很赞同，但也没有很反对，因为她觉得孩子"懂规矩"也很重要。直到小荣出现了问题，她才意识到自己可能做错了。

小荣被诊断为抑郁状态，伴有强迫和抽动。小荣是一个被父母错误对待的孩子，承受着他本不应该承受的苛责与压力。心理师专门与小荣的父亲谈了话，他虽然始终没有什么表情，也没有多说什么，但是可以看到他的眼圈红了。小荣可能就是多年前的小荣爸爸，只是爸爸用另一种形式将自己所受的伤害隐藏了起来。后来，小荣的爸爸对孩子的态度转变了一些。在全家的配合下，孩子的病得到了控制并且开始好转。但是多年的习惯要完全放弃真的不容易，比起其他慈爱的爸爸，小荣的爸爸仍然是个不善言谈的严厉爸爸，但是小荣说，看到爸爸对自己态度有好转，他觉得很开心了。

这件事情的转机，就是父亲开始认识到自己对孩子的态度是从自己的父母那里习得的。之前的自己从来没有思考过这种教养方式的对错，只是不知不觉地进入这种模式。当医生帮他分析过后，他才可以慢慢站出来回顾自己的经历，说出自己的感受以及这些对自己人生的影响。只要有了这种意识，他的教育方式就有改善的可能，无论对小荣还是家庭和睦都有很大的正面影响。

● 家庭教育理念的承上启下

之前，网上曾经流行过一句话：父母应该持证上岗。虽然是个玩笑，但是这句话却很好地反映了当代人们对家庭教育的关注与思考。

之所以说父母应该持证上岗，包含了3层意义：①怀孕生子，成为孩子生理学意义上的父母，和有能力为人父母，成为好的父母还有很大的差距。我们听说过无数不负责任的父母的事例，甚至还有抛弃、虐待、杀害自己孩子的父母，说明能生孩子并不代表一个人能成为合格的父母；②想要成为合格的、好的父母并非易事，在育儿路上有太多的困惑与难题，父母需要不断学习，不断调整自己；③为人父母这件事，是需要人们认真对待，值得人们投入精力、时间的一件事。父母给孩子的家庭环境，如空气、土壤、水分之于植物，它们可能无形无味，却无孔不入。它可以渗入到孩子的骨血，影响孩子的思维模式、行为模式，决定了孩子的价值观、人生观。这种家庭文化遗传在人身上的作用甚至有可能大于基因的遗传。

成为好的父母需要学习很多很多，人们要花费十几年甚至更长时间不断地在陪伴孩子成长的过程中获得知识与体悟。在这一切的开始，请每个为人父母者先意识到一件事：**我们经历过的家庭教育无时无刻不在影响着我们的现在，在开始养育我们的孩子之前，请先回顾自己的过去。感受、体会、总结、反思，将上一代对我们的爱传承下来，卸掉那些包袱，摒弃那些糟粕，给孩子更好的爱。**

心理小课堂

育儿先育己，每个人的身上都有家庭的烙印，清晰化、净化我们从上一代获得的育儿观念，是送给我们孩子的礼物。

2.回望儿时经历与受教育模式

家长自己的成长经历、曾经的受教育模式会非常自然地成为自己教育孩子的模式。无论好坏，如果不做调整，曾经的遗憾与伤痛还可能继续。并非每个父母都能有机会去医院咨询大夫、咨询师，所以在这一小节提出几个方法，帮助家长去试着回望自己的儿时经历和受教育模式。

● 回头看看童年的自己

找一个空闲的时间，不受打扰地好好回答下面的这些问题，用笔将它们记录下来，回顾童年的自己。

你的童年过得怎么样？可以用什么样的形容词来描述？

第一个问题的几个形容词中，最重要的是哪个？与之对应的事件是什么？

童年，印象最深刻的事件是什么？

童年，对自己影响最大的事情是什么？对自己造成的影响是什么？

有什么童年创伤吗？

你是谁带大的？是爸爸妈妈吗？如果不是，是谁呢？养育者稳定吗？有没有频繁更换养育者？

你的养育者是怎么养育你的？你们是什么样的关系？

你认为你的养育者哪方面做得不够好？如果可能，你希望他怎么改变？

童年，对你最重要的人是谁？为什么？你用什么样的形容词形容他？

回顾你的童年经历，你觉得有什么遗憾？

现在的你，发生的哪些事和童年有关，是什么样的关系？

现在的你，身上的哪些性格特征和童年有关？童年的哪些经历影响了你的性格？

如果可以见到童年时的自己，你会对他说些什么？你会怎么对待他？

如果童年重新来过，你希望怎么度过？要怎么改变你曾经的童年？

如果你认真地一条条回答了上面的问题，相信已经开始对自己的童年有了新的认识与感悟，也开始对如何养育自己的孩子有了比较清晰的感受。养育孩子不是各种育儿理念的搜集与执行，不是找方法把孩子训练成父母想象中的样子。育儿首先是两个生命之间的交流，是爱的传承。所有的人都曾经是孩子，都有自己的童年，在养育我们自己的孩子之前，请先回到自己的童年看看曾经的那个小小的自己，育儿路上也许会少很多迷茫。

● 不要让孩子重蹈父母的覆辙

诊室里曾经来过一个家庭，一对父母和一个7岁的男孩，男孩名字叫小来。小来的问题是强迫焦虑，因为症状明显，已经无法正常上学。

我们观察到，孩子的妈妈是整个家中发言最多的。说起孩子的症状，还时不时会流泪，明显因为孩子的情况自己也进入了非常焦虑的状态。小来看上去很平静，可以清楚地表达自己的状况，他每天要花费大量的时间做重复的强迫动作。医生注意到，整个就诊过程中，小来父亲都一言不发，远远地坐在诊室一角的床上，脸上没有什么表情变化。

我们问小来，他与爸爸关系怎么样，小来飞快地看了一眼爸爸，然后低头说："还行。"

一旁的妈妈接过话茬说起孩子爸爸的事情，我们才知道，原来小来现在的状况和爸爸的教育方式有很大的关系。

小来的爷爷是个性格很暴躁的人，从小对小来的爸爸经常打骂。小来爸爸现在的性格很古怪，也不愿意多与人交流，在陌生人面前总是板着脸不说话。小来出生后，小来爸爸也像自己的爸爸对自己一样对待小来。小来挨打是"家常便饭"，夫妻俩经常因为教育的分歧吵架。慢慢地，小来开始出现注意力不集中，躯体紧张、僵硬的症状，再后来就出现了强迫症状。

听到这里，心理师知道，只要爸爸的观念不改变，小来的病只能越来越严重。可看着低头不语、满脸抗拒的父亲，我们也知道，任重而道远。

这就是典型的家庭教育模式一代代传承的案例。好的家风家规传承是家族的文化与瑰宝，但是错误的传承，只能是重复伤害一代代人。

人们常说："知史以明鉴。"对于一个国家一个民族，了解自己的历史非常重要，对于一个人来说同样如此。**在参与另外一个生命的养育之前，了解自己的过去与现在变得更加必要。**回看自己的人生中那些重要的事，可以帮助自己更好地走接下来的路，并且能够规避自己曾经的遗憾，让我们的孩子获得更好的养育，不重蹈我们的覆辙。

心理小课堂

回顾自己的童年，改变家族的教育模式，是非常困难的一件事。但是只要愿意开始，对于我们的孩子来说就是"福气"。

3.理性地反思，直面自己的感受

回望自己的儿时经历与受教育模式是家长迈出的第一步。在家长看到自己的"过去"之后，下一步就要开始进一步分析，通过理性的反思来分辨到底有哪些教育模式应该学习保留，哪些需要努力改变。

● 理性反思原生家庭的教养方式，取精去劣

作为成年人，回顾自己的过去，要承认自己曾经的失败很困难，需要依托足够的成熟与自信；要承认并找到自己父母曾经的错误，更是有很多的心理障碍要克服。可能是无法直面自己曾经的委屈，可能是无法克服"恩"与"孝"的压力。但其实，不正视不代表不存在，不承认不代表没有感受。正视自己与父母的关系，是成为好的父母的重要前提。找到自己原生家庭教育的错误，不是为了抱怨或者伤害，而是为了将爱更好地传递。

原生家庭带来的优秀品质，可能是我们赖以生存的品质，比如勤劳、善良、有责任感等。回忆中那些让人幸福的瞬间，我们要牢牢记下，并带给我们的孩子；而独断专行、不善情感表达和那些现在看来仍令人无法释怀的伤害，也有它的意义——时刻提醒我们，不再重复这种家庭的"遗传"。

中国台湾作家龙应台有一段描述亲子关系的话，她这样写道："我慢慢地、慢慢地了解到，所谓父女母子一场，只不过意味着，你和他的缘分就是今生今世不断地在目送他的背影渐行渐远。你站在小路这一端，看着他逐渐消失在小路转弯的地方，而且，他用背影默默告诉你：不必追。"

相信为人父母者看到这一段话都会颇为感慨。其实，**父母可以陪伴孩子的时间真的很短。我们在照顾婴儿疲惫烦乱的时候，也正是和孩子最亲密的时候；我们感觉自己逐渐轻松的时候，也正是孩子逐渐离开你的时候。一个生命全心全意爱着你，依赖着你，这样美妙的时光其实真的很短暂。**

看到这里，育儿的辛苦与委屈可能就不会那么难以忍受，相反，父母可能会更加珍惜眼前的每一刻。如果在养育孩子这段"短暂"的时间里，我们能够理性反思原生家庭的教养方式，取精去劣，那么孩子是否有可能生活得更幸福？

● 勇敢地直面自己的感受，为孩子提供良好的教育氛围

门诊里有一位长期咨询的来访者，除非特殊事件无法前来，否则每周2次的咨询雷打不动。

刚开始咨询时，这位来访者基本上是坐着发呆。慢慢卸下心防后，就开始特别爱哭。这种时候咨询师就担任陪伴者的角色，给她递纸巾，给她温暖和微笑。

这位来访者的容貌姣好，性格温柔，有体面的工作，有爱自己的老公还有可爱的孩子。之所以需要找咨询师是因为自己在养育孩子的过程中，总是处于焦虑、压抑、愤怒的情绪中，总是心情不好，会发脾气。但事后她自己认为这种情绪爆发的严重程度是不正常、不合理的，孩子好像只是个导火索，因此孩子也总是爱哭，黏人，不好带。

经过与咨询师的共同工作，她发现她的悲伤与愤怒是因为童年的她受了太多的委屈和伤害。父母的强势与重男轻女的教养方式给她的心理留下了无法磨灭的伤痕。这些情绪被她压抑了起来，没有影响她的求学与工作。但是在面对亲密关系时就无法再避开，愤怒与悲伤的情绪时不时地爆发出来伤害她现在的家庭与孩子。

为了不再无端伤害家庭与孩子，她坚持做心理咨询2年多。开始学习快速地捕捉自己的情绪，及时地找咨询师疏导与化解。这一切都收到了非常好的成效，她的夫妻关系和亲子关系越来越好，她自己的情绪也稳定了很多，在咨询室里的情绪越来越稳定，和咨询师的探讨也越来越多、越来越深入。

上面是一个很好的范例。这位妈妈及时地发现自己情绪的问题并做出了正确的处理。她在治疗中反思自己的受教育模式，直面自己的感受，整理清楚自己的情绪与信念，治愈了自己的同时，也为孩子的健康发展提供了更好的家庭环境。她的孩子是幸福的，也是幸运的。

这个世界很大，当今社会发展更是飞速，父母不可能为孩子设计好一生的路，但父母可以给孩子提供一个好的教育氛围。

心理小课堂

真正好的教育是在尊重的基础上多给孩子温暖的陪伴，在陪伴中让孩子感受爱、懂得爱与被爱，让孩子学到那些无论到什么时代都不会过时的核心能力和价值观——智慧、勇气、坚韧、善良、团结等。

4.换个角度看待自己的父母

很多人和自己父母的关系其实并不是那么顺畅，无芥蒂。带着这样的心情去面对自己的孩子，是无法建立全新、良好的亲子关系的。其实，如果人们换个角度，认真地思考与自己父母的关系，多年来积压的负面情绪是可以得到释放的，或者即使无法完全释放，人们也可以立刻识别出自己情绪的来源而做出更好的选择。

● 世界上没有任何关系是完美的

相信很多人回顾童年，都能想到一些父母对自己造成的伤害。首先，这是非常正常的。**世界上没有任何关系是完美的，也没有任何人可以让别人处处满意。**长辈、伴侣、朋友、恋人、老师都不例外，所以不必过分夸大父母对自己造成的无心之伤；另外，父辈是没有被好好对待过的一代人，他们经历过很多的曲折坎坷。几十年前物质匮乏的时代，精神教育很难被关注，所以他们的经历可能注定了他们养育子女比较武断、不重视精神交流与情感，因为他们并不了解这些的重要性。随着社会的进步，如今人们可以共同探讨育儿科学，探讨儿童心理发展，是我们的幸运。所以，我们不应该拿现在的教育理念去苛责我们的父母。

● 不应过分夸大原生家庭对人的影响

如今全民关注心理学，"原生家庭"这个词频频被提起。比起过去的"父母为大"，现在的舆论好像又走到了另一个极端——仿佛一个人所有的不幸都是原生家庭造成的。性格懦弱或暴躁、人际关系不好、缺乏上进心、懒惰等，都要原生家庭背锅。所有旧观念的推翻、新观念的建立都会有两极间摇摆不定的过程。但是，心理学认为，"原生家庭背锅论"存在两个方面的问题。首先，**这个世界上根本没有完美的父母，也就没有完美的原生家庭；**其次，过分夸大原生家庭对人生的影响，会让人忘记自己的力量，忽略自己成长的重要性，进而失去对自己人生的把控。**放任自己沉浸在对原生家庭的遗憾与怨恨中才是最可怕的。因为那样，除了做个只会抱怨的懦夫，你的人生不会有其他可能。父母没有义务为孩子的一生负责。**

● 与父母和解，也是与自己和解

父母是不可以选择的。如果一直对养育者怀有怨念，那么人生可能会是痛苦的，没有人能背负着这样的痛苦去快乐生活。所以，与父母和解，也是与自己和解。放下执念，换个角度，父母和我们一样是有童年的普通人，也会犯错，也有他们无法克服的困难与缺点，也有过单纯天真的童年。生活的经历将他们打磨成如今的样子，他们对孩子的伤害并不是有意为之。与父母和解，那些因原生家庭而起的，对自己的错误评价也就失去了作用，我们可以卸下心防，轻松前行。

诊室里有一位"老"病人，叫姗姗。长得非常漂亮，正值青春年华。每周她都会来咨询。

姗姗本来是在澳洲留学的，但是去了一年多以后，在未告知家人的情况下，退学回国。回来也不住在家里，而是住在一个朋友家。每天只是在家宅着，没有找工作，消磨时间度日。朋友劝说无用后通知了姗姗的家人，家人非常意外也很生气，逼着姗姗去复学或者工作，姗姗不愿意。

第一次来诊室是姗姗母亲带着她来的，两人在诊室吵了起来，姗姗号啕大哭。后来，姗姗慢慢地对咨询师建立了信任，自己愿意来咨询了。她向咨询师讲述了自己的过去：

姗姗的父母在姗姗很小的时候就离婚了，妈妈非常强势，对爸爸充满怨言，即使分开了也常常说爸爸坏话。她还经常对姗姗说："还好你是女孩，你要是个男孩我就不要你，和你爸一样。"爸爸经常拖欠赡养费，妈妈总是让姗姗去要，爸爸又不愿意给，姗姗两边受气。在这样的环境中，姗姗形成了胆小、抑郁、无主见的性格。去国外留学，是妈妈的安排，姗姗并不想去。妈妈将毕生积蓄拿出来，还问亲戚朋友借了很多钱，送姗姗去读书。去了国外，姗姗适应不良，不知道怎么安排自己的生活，完全丧失了生活的信心和乐趣。

经过一年多的咨询，姗姗慢慢好转，对妈妈的恨也少了很多。她理解到了妈妈当时情况的不易，以及妈妈内心的纠结与扭曲。在理解到这些后，她突然知道了自己的生活其实不是一定要这样过。在咨询师的鼓励下，姗姗去找了一份工作，虽然仍然无法让妈妈满意，但是姗姗已经懂得为自己负责。在姗姗的坚持下，妈妈也做出了让步，选择尊重姗姗，姗姗踏上了自己新的道路。

● 学会求助，寻找适合自己的心理咨询师

不否认这世上有一些人，遭遇过平常人不可想象的痛苦，有些可能就是父母施加的。但也要承认，并不是所有的父母都是爱子女的。严重的创伤，可能不是一个念头的改变就能治愈的。如果是这样，请你一定要寻求帮助。找到适合自己的心理咨询师或者精神科大夫，接受长期规律的心理治疗，你的痛苦会随着一次次倾诉和专业心理治疗慢慢减弱。

曾经我们只是儿女，如今我们可能是父母，或可能快要成为父母。换个立场站在父母的角度看待自己的父母和儿女，相信会给我们带来新的感悟，帮助我们更好地生活。

心理小课堂

孩子的到来是一份礼物，不仅让我们的人生开启了新的篇章，更给了我们与自己父母和解的机会。

5.母亲在家庭教育中的影响

为人父母者，曾经都为人子女，那么，在你心目中母亲是怎么样的一个人呢？你的身上有多少她的影子？你从母亲那里学到了什么？又有哪些是你不曾学甚至不愿学，但最终还是成了你的一部分呢？……这样的思考，只因为母亲在家庭教育中具有举足轻重的作用。

诊室里来了一对母子，妈妈还很年轻，儿子5岁，叫小瑞。妈妈带小瑞就诊的主要原因是：小瑞拒绝与其他小伙伴玩耍，也不愿意参加集体活动，与人发生矛盾时情绪非常激烈，伴有毁物伤人的行为。

经过医生详细的问诊，心理师了解到：小瑞是家中的独子，从小瑞出生开始妈妈就全职在家负责照顾小瑞。小瑞的爸爸是个生意人，家中经济条件不错，但是很少有时间陪伴小瑞，甚至回家的时间都很少。时间久了，妈妈一个人带孩子的辛苦无人分担，难免会抱怨小瑞爸爸的失职，两个人因此产生了很多矛盾。小瑞爸爸回家的时间越来越少，小瑞妈妈的状态越来越不好。小瑞妈妈很担心小瑞爸爸已经背叛了她和孩子，总是疑神疑鬼，非常焦虑，导致家里的氛围也非常不好。小瑞妈妈说自己总是安不下心来陪孩子，虽然全职在家但是很少有心情陪孩子玩。有时候脾气上来了会冲小瑞发火，在发泄过后也很后悔，但总是在这样的模式中恶性循环。在这样的氛围下，小瑞性格也越来越孤僻，总是不开心的样子，稍有不如意就非常愤怒。

我们问起小瑞妈妈为什么会疑心丈夫出轨，小瑞妈妈说起了自己的童年经历。她的父亲就曾经出轨过，母亲因此得了抑郁症。基本上她的童年就是在妈妈"猜疑"爸爸、动不动就发脾气的环境中度过的。

听到这里，我们基本上了然了，又是一个具有"遗传"特点的家庭。

在孩子0～6岁期间，母亲是主要的养育者，母亲在家庭教育中的影响不容忽视。母亲孕育孩子生命，哺育孩子成长，教育孩子成人，对孩子的灵魂与人格的成型有着重要的影响。母亲的状态直接影响着孩子的情绪和状态，孩子的情绪不好、状态不佳会影响其他能力的发育与发展。母亲是孩子第一位老师，母亲的性格、眼界、世界观、价值观直接影响着孩子的人生观。母亲是什么样的人对孩子的一生都至关重要。

母亲在家庭教育中的影响主要包括下面3个方面。

● 母亲积极乐观，孩子同样也热爱生活

人生在世，苦乐参半，没有人可以一帆风顺。如何面对人生的困难与失败，不同的人有不同的应对模式。如果母亲积极乐观，勇敢坚韧，凡事能够朝着积极、有希望的方向思考与努力，孩子受母亲影响也能拥有积极向上的心态，热爱生活，努力达成目标。

母亲如果消极悲观，总是抱怨，凡事都只能看到不好的一面，陷入困境而不去努力改变，自怨自艾，孩子自然也会学到这种处事方法，成为一个爱抱怨、脆弱的人。

● 母亲习惯良好，孩子才能安排好自己的生活

很多时候，人生能不能过好，不在于一个人懂多少道理，而在于一个人有没有良好的习惯。将理论践行到生活的每一个细节中去，才能过好一生。

一个有良好习惯的母亲，会干净整洁，会认真地做好每一顿饭，会有时间观念，会早睡早起，会坚持锻炼，会遵守社会规则，会尽可能安排好生活中的每一件事。所有的这一切，不但可以带给孩子稳定有序的生活保障，同时孩子也耳濡目染学习到如何安排每一天的生活。培养孩子具备安排好自己生活的能力，是父母家庭教育的一个重要目标，在这个基础上，孩子才可能继续发展出更加卓越的能力。

● 母亲有智慧，孩子才可能优秀不凡

一个智慧的母亲会带给家庭和谐与情趣，能够创造出温馨和睦的家庭氛围和富于文化色彩的学习环境。智慧的母亲可以成为孩子彷徨失措时的指路明灯，可以在孩子悲伤沮丧时给予慰藉与鼓励，可以成为孩子疲倦痛苦时的温暖港湾，可以在孩子迷失犯错时敲响警钟。母亲的智慧帮助孩子确立人生高度。母亲有智慧，孩子才可能优秀不凡。

希望所有的母亲都拥有智慧，带领孩子远离庸俗与浮躁，拨开人生的伪饰与假象，走向更广阔精彩的人生。

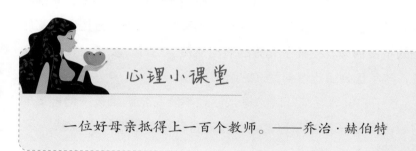

心理小课堂

一位好母亲抵得上一百个教师。——乔治·赫伯特

6.父亲在家庭教育中的影响

孩子从出生到3岁前，最需要的人是母亲。因此主要的养育工作一般也由母亲承担，但是父亲在家庭中的作用同样不可或缺。在这个阶段，母亲会全心全意地看护宝宝，让孩子在爱与满足中成长，**父亲的责任就是保证妻子和孩子的生存环境安全稳定，让他们不必因动荡的环境而担心焦虑；**另外，尽管绝大多数情况下直接照顾孩子的是母亲，但是想要养育好孩子，**父亲要更多地承担起另外一份责任，那就是保证妻子拥有最佳状态，分担妻子的压力，纾解妻子的不良情绪，给妻子充分的爱与支持。**这样，妻子才能以最佳状态面对孩子，孩子也会因此得到更好的照顾。

3岁以后，孩子的世界逐渐开阔，母亲已经不能完全满足孩子精神上的需求。这个时候，就是母亲逐渐让位，留更多空间给父亲和孩子的时候。

● 父母在家庭教育中的不同影响

我们曾经提到过母亲对家庭教育的影响，那么，父亲与母亲对家庭教育的影响有什么不同呢？

（1）母亲更倾向于"照顾孩子"，父亲更倾向于"与孩子玩"。这个区别很好地解释了，为什么3岁前的孩子更适合交给母亲看护？对于各方面能力比较弱的婴幼儿，需要更多的是照顾；而3岁后，孩子喜爱用游戏的方式探索世界，认识世界。这时候父亲的优势就体现出来了，父亲更倾向于带领并且鼓励孩子探索，与3～6岁孩子的发育节奏非常契合。

（2）母亲的表达更倾向于描述，父亲的表达更倾向于指示。母亲的传达更倾向于感情的传递与抒发，父亲的传达更倾向于目标、方法，简短有效。对于一个成熟的人来说，两种表达能力同样重要，都要具备。

（3）母亲是孩子的女性榜样，父亲是孩子的男性榜样。对于孩子来说，不论男孩还是女孩，都要经过性别的认同期。他们要认同自己的性别，也要建立对异性的最基本认知。因此，父亲和母亲就是孩子的第一任也是最重要的性别角色的导师与榜样。这对孩子将来如何成为自己，如何建立亲密关系及婚恋都有非常重要影响。

（4）父亲是力量的象征。父亲的存在在孩子心中是安全感的来源，父亲的力量给孩子以自信与支持。幼时，父亲的存在让孩子不惧怕环境的危险，逐渐成熟后，孩子会努力达到直至超越父亲的能力。

● 父亲有责任感，孩子才可能有责任感

强调父亲的责任感，不仅仅因为母亲生育孩子后，需要更多支持去养育孩子，有责任感的父亲可以提供更好的环境，保证母亲顺利度过这个特殊阶段，保障孩子的健康成长。还因为，父亲展示出的责任感是能力、勇气、智慧、爱的综合体现，这些会给孩子树立良好的榜样，让孩子懂得从多方面提升，学会为自己负责、为他人负责、为这个世界负责。责任感是一个优秀的人必备的素质。

● 父亲宽容，孩子才可能做好自己

父爱与母爱相比，母爱更像是承托孩子立足世界的大地，它给孩子以基础和安全感，它决定了孩子的起点；而父爱则像是天空，给孩子描绘了世界的样子，给孩子以目标与方向。一个宽容的父亲，给孩子更多的空间，向孩子展示更多的可能，允许孩子做更多的尝试，允许孩子犯错。这样孩子才可能找到自己人生的道路，真正地做好自己。

● 父亲有大格局，孩子才有可能取得高成就

在家庭教育中，父亲的格局往往影响着孩子未来能达到的高度。父亲的教育以一种引导的方式存在。如果父亲有大格局，自信阳光，敢于尝试，勇

于突破，那么孩子就会学到这些优秀的品质，努力实现的目标更高远，孩子的成就也往往有着更高的上限。如果父亲格局小，就无法帮助孩子实现更高远的目标，会让孩子的人生观、世界观、价值观狭隘，对孩子的人生是一种限制。

心理小课堂

一个好父亲影响了孩子将来的人生高度。

第三章

陪伴孩子长大，一些基础的育儿观念要净化

1.养育孩子的两个核心观念

科学育儿得到空前的关注与讨论。大量的专家学者投身到其中，信息渠道的畅通又让人们能及时地接触到这些理论，其中不乏相悖之论。但是如何鉴别其适合与否、科学与否，反倒成了一个问题。家长在迷惑时需要有人告诉我们如何做，当太多人告诉家长如何做时，又开始需要有人告诉我们真正需要关注的核心是什么。

● 养育的核心之一——爱

其实，养育孩子最需要的不是技术，而是更深层、更核心的信念——爱。爱让家长有动力进行心理准备与知识储备，爱让家长有能力去伪存真。如此看来，成为好的父母似乎根本不需要准备什么，只要拥有"爱"就可以！但是，就是这看似简单的一点，却有很多家长做不到或是做不够。

诊室里曾经来过一个让人印象深刻的孩子，是个看上去很懂事的小男孩，叫小成，年仅6岁，在妈妈的陪伴下来医院就诊。

从进入诊室开始，妈妈就一直很激动地讲孩子的各种问题，基本无法停下来，还哭了起来。看到妈妈哭，小成也流泪了，他用小手给妈妈擦泪，边哭边说："妈妈，别哭了，我错了，我一定改。"

从妈妈的描述中，我们了解到，小成父母离异，妈妈独自一人带孩子很辛苦，对小成的要求很高。为了让小成和其他孩子一样享有优质的教育，妈妈辛苦地工作，将所有的积蓄都投入到了小成的教育上，6岁的孩子就报了很多的兴趣班。和其他家长希望孩子增长见识的初衷不同，妈妈要求小成一定要学有所成。孩子报了很多门课，精力有限，基本已经没有休息的时间，但还是没有办法门门拿第一。妈妈认为小成就是不努力，自己这么辛苦，孩子还是不能体谅她的心。因为工作忙，妈妈陪伴小成的

读懂孩子的心，陪伴0～6岁孩子成长

时间很少，周末偶尔和妈妈在一起，小成很想多和妈妈待在一起，不想去上课。妈妈很生气，觉得他懒惰，不上进，对小成横加指责甚至打骂。小成慢慢变得不想上学，妈妈怎么逼迫都见效甚微，最后只能带小成来看医生了。

小成与她的妈妈都过得很辛苦，但是却离向往的结果越来越远。这样的案例其实很普遍，只是程度不同。

小成的妈妈是典型的被生活重压裹挟着的焦虑妈妈。因为生活艰辛，她太需要可以让她感觉安全稳定和有希望的保证了。于是不自知地，她将所有的希望都放在了小成的身上，甚至忽略了爱的本质，忘记了尊重孩子，忘记体谅孩子的承受能力，也忘记了希望孩子幸福的初心。妈妈的这种做法不仅离自己的幸福生活越来越远，还深深地伤害了小成。如果妈妈一直处在这种状态中不自知，疲于追赶与比较，等待她和小成的将是更令人无法承受的结果。

一个孩子能不能发展得好，和他得到的爱是成正比的，这是上天赋予所有父母同等的权力与义务。父母可能无法为孩子买得起学区房，无法让孩子进到高级的贵族学校，不能每年带孩子出境游，但是只要我们可以做到高质量的陪伴和发自内心的尊重，孩子就会是个幸福的孩子。孩子就能滋生出正能量，成长为一个好孩子。

● 养育的核心之二——做足够好的父母

"足够好的父母"这个词出自客体心理学代表人物温尼科特，他是一位精神分析大师，同时还是一位非常出色的儿科学家。接待过超过6万个儿童及家庭，对儿童的养育非常有心得。"足够好的父母"指父母要根据孩子的需要调整自己，从孩子刚出生时全身心地照顾到孩子逐渐长大后慢慢退出，父母要随时调整自己的状态，以适应孩子的成长需要。

特别需要强调的是，"足够好"并不是要求父母都做到完美，而是希望父母做一个爱孩子、知进退的家长。世上不存在完美的父母，也不存在一条普适标准教人们如何做完美的父母，我们唯一要坚持的就是尊重孩子，爱孩子。如果过度追求完美，那么我们就很容易精力耗竭，情绪不稳，这对孩子的成长和家庭的和睦都是无益的，有时候甚至是一场灾难。为什么这么说呢？因为追求"完美"意味着"不出错"，而孩子的成长过程本身就是一个试错的过程。如此一来，孩子将会面对无止境的批评和否定，对孩子而言，可以说，是一场心灵的灾难。

心理小课堂

一个充满爱的童年将是孩子一生的幸福源泉，而"足够好的父母"是孩子幸福的仰赖。

2. 父母"好"，孩子才"好"

父母是什么样的人对孩子的影响至关重要。育儿不是单方面地专注于如何理解孩子、对待孩子，养育者本身是什么样的人，养育者状态如何，其实更加重要。父母关注自己本身的状态与成长是养育好孩子的助力器。要知道，父母"好"，孩子才有可能"好"。

● "你是谁"是对孩子最重要的教育

很多时候家长是什么样的人，决定了孩子成为什么样的人。父母有责任感，孩子就会有担当；父母家庭和睦，孩子的人际关系就不会出大问题；父母每天抱着手机，孩子自然就对电子产品感兴趣；父母不看书、不学习，孩子不愿意上学的概率就高……

诊室里来了一对夫妻，年龄都在30多岁，还有他们六七岁的儿子阿仔。看上去三个人都很焦躁的样子，说话声音很大。一进来，夫妻二人就开始抢着和大夫说话，经常抢话，在不同意对方的话时还会争执几句。阿仔一脸不耐烦，有时候会想要打断爸爸妈妈，但是并没有成功。

阿仔一家是来北京打工的，已经在北京很多年了，孩子一直带在身边，夫妻俩在农贸市场卖农货。孩子很小的时候就跟着父母在市场，酷暑寒冬受了不少罪。阿仔进入学校后，不爱学习，而且总是和同学、老师起冲突，经常发脾气，也很没有礼貌，所以一直没有什么好朋友。再加上成绩不理想，老师也不喜欢，现在他已经不怎么愿意去上学了。

我们问平日里一家人怎么度过休闲时光。夫妻俩回答就是看看手机，看看电视，基本没有给孩子做过什么家庭教育。我们又问你们夫妻关系怎么样，两人都流露出不屑的表情，开始你一言我一语地互相埋怨起来。我们心里大概明白了事情的原委。

看得出，父母双方都是脾气急躁的人。两人在第一次见面的医生面前就一直在互相指责，可想而知日常相处的状态。他们是带孩子来看医生的，尚且忍不住对对方的指责，可以推断在家中吵架一定是很多的，甚至有可能动手。孩子想插嘴也插不到，可见对孩子的家庭教育的忽视。不难理解为什么孩子对学习没有兴趣，也无法融入班集体了。

这样的家庭在生活中也并不少见，特别是没有接受过很好的现代教育的父母，很容易犯类似的错误。他们对自己的生活状态不自知，自我要求很低甚至没有要求。孩子有样学样，他们却受不了，觉得孩子有很大的问题，甚至需要看医生。

● 成为更好的自己

人们成为父母后，很容易失去自我。无论全职父母还是职场父母，时间变得非常珍贵，为了给孩子最好的陪伴，我们几乎牺牲了所有空闲时间，放弃了曾经的兴趣和爱好。

在孩子的0～3岁，陪伴是最重要的，这样的"牺牲"是很有必要的。3岁以后，孩子开始逐渐独立，他们的世界不仅仅需要父母了，孩子要认识并融入这个美妙的世界了。希望父母也可以随之调整自己，将部分关注点从孩子身上移回自己身上，重拾自信，成为更好的自己。

"成为更好的自己"与前一小节笔者讲的"足够好"的父母强调的重点有所不同。"足够好"的父母，指的是父母在养育孩子的过程中要懂得进退得当，不必所有事都力争做到"完美"，不给孩子的发展留下空间与想象力。60分的父母就是"足够好"的父母，是介于"冷漠"的父母与"完美"的父母两者间的一种状态。**"足够好"的父母不但自身不易陷入匮乏的境地，也不易成为控制型的父母，是养育孩子的最佳状态。这里强调的是不要给太满。**

而父母"成为更好的自己"，强调的是父母在着力于将孩子打造成更好的人之前，先让自己成为更好的人。这是对自己人生的负责，也是给孩子树立的榜样。试问一个追求安逸、得过且过的父母，如何获得孩子的认可？如何让孩子在精神上产生感召力，从而有动力追求更好的自己？又如何有立场要求孩子更努力更优秀？**这里强调的是要对自己有要求，而不是一味要求孩子。**

做更好的自己，成为孩子成长路上更好的榜样，这样的教育是最有效又人性化的。这样的父母也会成为最受孩子尊重与喜爱的父母。

心理小课堂

你是什么样的人，决定了你是什么样的父母，同时往往决定了你有什么样的孩子。

3.照顾得太多是控制，照顾得太少是忽视

养育孩子如同培育植物。一颗有生命力的种子埋入土壤，在园丁智慧又辛勤的照顾下，种子会迸发出自身的生命力，开出美丽的花朵，结出丰硕的果实。父母在"照顾种子"的时候，总会面对一个问题：如何把握"照顾"的度？到底如何做才最为合适呢？

● 照顾得太多是控制，勿以"爱"之名控制孩子

孩子的诞生是上天送给每个家庭最宝贵的礼物。面对如云朵般娇柔的孩子，父母的天性会让我们尽己所能去照顾我们的宝宝，尤其是妈妈。从孩子除了呼吸以外几乎"无能"的状态开始，妈妈的存在就是孩子得以生存的保证。从孩子的角度来看，妈妈提供的环境也是孩子必须全盘接受的。**随着孩子的逐渐长大，能力慢慢提升，父母需要警惕自己是否"照顾得太多"，要自觉地适度放手，帮助孩子走上自己的路。**

下面是我们的3点建议。

（1）面对让孩子胆怯的事物，在排除危险因素的情况下，鼓励孩子勇敢尝试。比如，妈妈倒了一杯水给孩子，谨慎的孩子会问："妈妈，水还烫吗？"妈妈最好回答是："宝宝自己试试啊！"然后用自己的手指轻触杯壁示范给孩子。孩子也会模仿着妈妈的动作去感受，这样比妈妈直接说烫或者不烫更好。

（2）孩子自己想要尝试的新事物，只要保证安全，不违反道德准则和社会规则，那就放手让孩子尝试，即便失败了也不要打击嘲笑。孩子会收获"失败"的经验，对自己和对外在世界都有了真实体验，这是非常可贵的事情。

比如，孩子看到妈妈每天扫地，想要自己也试一试。我们知道孩子不一

定会扫得好，甚至会弄得更乱，但是，更重要的是孩子想要尝试的勇气。妈妈一定要高兴地让宝宝尝试，创造条件让宝宝更好地完成这件事。即便完成得不是那么好，事后也要给宝宝一个真诚的赞赏，并告诉宝宝怎么做会更好。孩子会对这件事有新的认识，获得知识与自信。

（3）孩子自己可以做到的，不要包办代替，鼓励孩子自己的事情自己做。生活中，经常会有父母不耐烦地对孩子说："哎呀！慢死了，你别动，我弄吧！"孩子呢，要么委屈地停下来，要么倔强地哭闹坚持要自己弄。其实一般都是穿袜子、提裤子、穿鞋子、吃饭等小事。只要给孩子时间，孩子是可以自己完成的。可是有的父母受不了"乱"，受不了"脏"，受不了"慢"，会代替孩子去做，这其实是剥夺了孩子成长的权利。

现实中很多父母无法做到以上三点。在孩子很小的时候将孩子的一切事物安排得很好的妈妈可能是一个尽职尽责的好妈妈。但随着孩子的逐渐长大，这种"好"可能会成为一种控制，对孩子来说反而变成了伤害。

● 照顾得太少是忽视，勿以"历练"之名忽视孩子

与凡事包办代替、对孩子的事情过多干涉控制的父母不同，有另外一种父母以"历练"之名，对孩子照顾得太少，甚至故意制造挫折"考验"孩子，过于忽视孩子感情上的需求。

诊室走进来一个男孩，身形瘦削，病案资料上显示为小学三年级学生，叫小默。他进门后低头不语，安静地坐在椅子上，偶尔抬头对着空气笑一下，说几句话。

孩子的父母一起陪着孩子就诊，母亲说："孩子小时候跟着爷爷奶奶，我们在他出生后就一直在外打工，逢年过节会回来看他。爷爷奶奶对孩子还算不错，照顾他的饮食起居。孩子也很懂事听话，在家里也不淘气。上幼儿园的时候也很乖。有一天，被班级里几个女生说他'讨厌'，说他是班级里女生最不喜欢的男生。他回来大哭了一场，给我们打电话说这事。我说一个男孩子被人说两句哭什么哭，没想到他哭得更厉害了。他爸爸接

过电话就说他受不了批评、指责，让他自己好好想想，他这下就不哭了。后来，类似这种他受委屈的事情有几次，我们都让他自己别那么娇气懦弱，特别是他爸爸态度很激烈。再后来他就越来越不爱跟人玩，不爱说话了。我们也没当回事，想着这是孩子天生性格吧。上小学了之后，一年级没事，二年级的时候老师说他时常自言自语，对着空气说话，让我们带他去医院看看，我们这才重视起来。"

小默这样的个案在门诊上有不少，很多父母在养育孩子（尤其是男孩）时很信奉用"挫折教育"让孩子"历练"。当孩子受到挫折时忽略孩子的感受，一味地指责孩子，这样很可能让孩子在情绪发展上受到阻碍，将来在成长中显现出特殊的困难。因为父母的否定会让孩子的自我价值感很低，这样长大的孩子可能要花费一生去追求获得这种价值感。有些人可能从祖父母、老师、亲戚等身上去寻找到一些，当这些不足够满足他时，孩子可能去疯狂追星或疯狂迷恋某个人。当没有这样的人时，孩子可能就会在脑中创造出这样一个人或者一个声音，小默的情况很可能就是这样。

家长对孩子不宜过度关爱，但是也不能够忽视孩子的感受。在0～6岁的关键期，陪伴在孩子身边，用正确的爱帮助孩子建立完善的人格，推动其健康成长是我们每个父母都应该做的。

心理小课堂

追求独立自主是人类生来就有的一种本能，被完全关爱和接纳是孩子成长必需的心理营养。这两者是孩子形成自我价值感、自我接纳认同的基础与关键。

4.没有"溺爱"，只有方法不正确的爱

心理咨询门诊中有这样一类家长是"常客"，他们对孩子要求极为严格，很少对孩子"亲亲、抱抱、举高高"。他们认为对孩子严厉可以锻炼孩子坚韧的品格，也极度害怕自己的"溺爱"会毁了孩子。这样的父母首先要了解，什么是"溺爱"。

● 溺爱是方法不正确的爱

其实，心理学认为没有"溺爱"这一说，面对孩子，父母无论付出多少爱都不算多。经常被提及的"溺爱"，其实从本质上来说是一种方法不正确的爱。

诊室里曾经来过这么一家人，爷爷奶奶、爸爸妈妈带着一个男孩来就诊。他们的诉求是请医生开诊断证明，证明孩子受到了刺激，情绪有波动。医生在经过详细的问诊及测查后，并没有发现孩子有什么受刺激的表现，无法开具这个证明。实在没办法，家长就对医生和盘托出。

男孩叫小易，今年5岁，长得高高壮壮，看上去比同龄人强壮很多。在幼儿园上中班，是班上最高的男孩。小易是家中的"小皇帝"，爷爷奶奶和妈妈专职照顾他，从小都精心呵护，有求必应。

在幼儿园，小易会经常对小朋友推推搡搡，加上他个子比较高，经常会遭到其他家长的投诉。班主任和小易家长谈过几次，也没有什么改变。再到后来，小易家长开始觉得其他家长和老师针对小易。有一次，小易又动手打别的小朋友，班主任就对小易进行了罚站的惩戒。小易回家一说，这下激怒了小易家长。他们去幼儿园让班主任道歉，但是班主任认为小易已经影响到了一整班的孩子，是小易的家长疏于管教。小易家长要求幼儿园换班主任。为此幼儿园组织全体家长开了会，结果其他家长都说孩子很

喜欢老师，也没有听说过老师体罚孩子，写了签名信不同意换。事情到这里本该平息了，可是小易家长觉得不能让孩子受委屈，作为家长也没有面子，要去教育委员会继续申诉。所以他们需要医院证明，因为老师的罚站，孩子自尊受损，受到刺激。

医生自然是不能开不符实的证明的，同时医生也建议小易家长冷静一下。站在孩子角度考虑一下，这样做只能是让孩子无法再回到班级环境中。因为一点小事闹到孩子要换幼儿园，对孩子影响还是比较大的。

这个案例是典型的"不正确的爱"导致的孩子社交发展受阻。如果小易家长不做调整，小易及其家庭在今后可能遇到更多的麻烦。严格来说，"溺爱"不是真正的爱。**溺爱的行为背后更多是为了满足养育者一些特殊心理需求，并不是真正从为孩子着想的角度出发的。**

● 只要方法正确，就大胆地宠爱孩子

只要方法正确，家长就可以大胆地宠爱孩子。从孩子出生开始，0～6个月是绝对依赖期，6个月～1岁是相对依赖期。这两个阶段的孩子从开始的没有自我意识，认为自己与妈妈是合二为一的，到开始认识到"我"和"他人"是不同的个体；从完全不能自理到开始慢慢学会最基本的坐、卧、爬、立等。整个阶段需要养育者提供大量的支持，从时间到精力。在需求可以及时被满足的环境中，孩子才可以建立最基本的安全感、信任感。这些最基本的情感将是孩子人格稳定的基础。这个阶段，养育者完全不必担心自己的"宠爱"会让孩子生出骄纵之心。反倒是物质和精神匮乏的感觉会影响孩子健康心理的发展。

另外，需要强调的一点是，中国的父母因为社会文化的原因，通常都不太愿意对孩子表达我们的爱。父母要不羞于表达我们的爱，要经常表达对孩子的爱，让我们的爱在两代人之间流动起来。感知到爱的孩子才能健康快乐，才有获得幸福的能力。

　　真正的爱从来不嫌太多，那些担心"爱太多"会惯坏孩子的父母，应该更加关注如何正确地爱孩子。只有真正被全心全意爱过的人，才有能力去爱自己，爱他人，进而热爱生活。

5.孩子需要高质量的陪伴

笔者在门诊经常会问家长,是否在孩子婴儿期时一直陪伴在孩子的身旁?很多家长都会点头,说自己没有离开过孩子,即使白天因为工作会离开孩子,晚上回家也会和孩子待在一起,没有分开过。这时候我们会继续追问家长是怎么陪伴孩子的,有没有做到高质量的陪伴?大多数家长都会开始思考。可见,**陪伴容易,高质量陪伴却不是每个家长都能做到的**。毕竟孩子在一边玩,自己却低头玩手机的父母处处可见。对孩子来说,高质量的陪伴才能给他们的生理、心理带来正面影响,"人在心不在"的陪伴只是聊胜于无。

诊室里来了一对母女,妈妈50多岁,女儿20多岁。两人衣着考究,妆容精致,但是难掩妈妈浮肿的双眼和疲惫的神态。

挂号的人是女儿,叫小芬。小芬现在读研,成绩优秀,但是却因为重度抑郁发作,自杀未遂,休学一年,回家养病。小芬全程态度亲切,始终面带微笑,很难看出她正在承受着重度抑郁症的折磨,是典型的"微笑型"抑郁病人。

与小芬不同,小芬的妈妈状态很差,情绪焦虑激动,就诊过程中,数度流泪。她对医生说:"医生,我非常后悔。年轻的时候我不懂,生了孩子后,白天就把孩子给我妈妈带,晚上才把她领回家。让她自己搭积木,我做家务或者加班。有时候她让我陪她玩,我也是不耐烦地经常拒绝,她也不发脾气。那时候我还到处和朋友说自己的女儿懂事。现在我也学习了心理学,我才知道自己当时犯了多么严重的错误,我这么好的女儿,都是因为我,今天才会得这么严重的病。我一直以为我不离开她,陪在她身边就行了,但事实不是这样的,高质量的陪伴才能让孩子身心健康。我好后悔,如果重新来一次,我一定陪她玩游戏,陪她搭积木,陪她跳绳踢毽子……现在我看到很多父母像我一样,特别着急。我好想告诉他们我的事,让他们知道自己正在犯什么错,这些错以后都会回来折磨他们的孩子，折磨他们自己。"

妈妈很激动，小芬看到妈妈流泪时，轻轻拍着妈妈的背说："妈妈，没事没事，我挺好的。"

这对母女的状态让我们旁观者也不禁红了眼眶。

这是一位非常积极治疗的妈妈，为了女儿的病情也自学了大量的心理学。她的陈述很客观地反映了在孩子幼时没有高质量陪伴孩子所造成的严重后果。在陪伴教育孩子这件事上，父母今天所有的亏欠、偷懒，日后都可能会变成更大的麻烦找回来。

● 什么样的陪伴是高质量的陪伴

高质量的陪伴是什么呢？很简单，在一个场景中，能让孩子与父母建立情感联结，产生共情。让孩子与父母都感到开心，感到被理解的陪伴就是高质量的陪伴。高质量的陪伴可以是和孩子一起拼搭玩具时的通力合作，可以是共同完成拼图后的庆祝拥抱，可以是父母与孩子一起完成家务后的击掌庆祝，也可以是和孩子一起随音乐随意扭动身体时的笑声。**只要父母愿意低下头，蹲下来和孩子一起体验他们世界的美好与惊喜，就是令孩子快乐幸福的高质量陪伴。**

● 高质量陪伴的好处

一方面，高质量的陪伴是父母了解孩子的机会。通过陪孩子一起玩游戏，一起阅读，和孩子聊天，父母可以了解到孩子的性格、孩子的兴趣爱好、孩子的天赋、孩子的能力。也能准确地掌握孩子所处的发展阶段，让父母成为孩子最亲近的人，更是最了解孩子的人。同时父母也能及时发现孩子的困难，给予帮助与指导。

另一方面，高质量的陪伴，亲子双方都会产生共情。得到情感共鸣的孩子更容易信任父母，也更愿意接纳父母的意见。有了良好又紧密的感情纽带，遇到双方意见不合的情况时，可以以开放的态度，理智客观地讨论事情本身。而不会因为沟通不畅，让负面情绪成为主角，问题的解决最后成了情绪的宣泄。

心理小课堂

　　高质量的陪伴是建立良好又亲密的亲子关系的重要方式，对0～6岁孩子进行高质量的陪伴，使家庭幸福变得更为可能。

6.不做与孩子需求"背道而驰"的父母

育儿过程中，父母若做"不适合"的事，会导致问题的产生。做的"不适合"的事多了，会给孩子和家庭带来很多困扰。这种"不适合"的方式如果是与正确方式背道而驰的，将会给孩子和家庭带来巨大的伤害。

抛开细枝末节的育儿问题不谈。**中国家庭中亲子矛盾最根源的问题在于：孩子小时候，最需要父母与孩子建立亲密关系的阶段，父母因各种各样的原因推开孩子甚至离开孩子；待到孩子慢慢长大，独立成人时，父母又因为自己的衰老与孤独开始依赖孩子，过多干涉孩子的生活。这种父母与孩子需求"背道而驰"的育儿方式，是中国式亲子矛盾存在的重要原因。**

● 该亲密时不亲密，推开孩子

孩子出生时，无自理能力，也无法与成人进行对等的交流，需要成人去配合孩子。这样的特点在父母眼中是可爱，也让父母充满保护欲。但同时让父母感觉到孩子什么都不懂，只要保证孩子基本的生理需求和安全就可以了。此时的孩子在大部分父母眼中还不能成为一个真正的、独立的人，只是一个嗷嗷待哺的婴儿。可事实上，从出生的那一刻开始，孩子就已经是一个具备自我属性和社会属性的人。有人的一切需求，特别是感情需求甚至更强于成人。但是，现实中很多父母在孩子最依恋父母的时候，因为各种原因没有陪伴孩子，这就造成孩子最本能的需求没有得到满足，为日后埋下隐患。

● 该放手时不放手，过度干涉

在孩子年幼时忽视孩子的感情需求，那么等孩子慢慢长大后又会怎么样呢？往往还是这种父母，在孩子长大独立，自己也慢慢衰老的时候，开始感受到孩子离开的孤独，开始意识到在孩子年幼时没有好好陪伴的遗憾，开始想要体会家庭的温暖与乐趣。于是，强烈地要和孩子一起生活，要和孩子亲密无间，没有界限感；甚至孩子有了自己的家庭，他们会因为对失去的恐惧而变本加厉地干涉孩子的家庭，导致家庭不睦，矛盾重重。

一位妈妈来到诊室，咨询孩子的问题。医生问为什么没有带孩子来，妈妈黯然：因为孩子不愿意来，我们怎么劝都没有办法。

妈妈向医生介绍情况：孩子名叫小丹，20岁，女孩，大学休学在家。现在父母已经无暇考虑孩子能不能大学毕业的事情了，更让他们担心的是孩子现在的情绪问题，伴有自残毁物行为。小丹在家中时而忧郁，时而暴躁，经常会要用刀子割手腕。也不至于要自杀，但是情绪来了，必须通过割手腕放血这种方式才能获得心理的平静。情绪亢进时会摔砸东西，父母实在没有办法，只能求助医生。

经过问询，我们了解到，孩子出生后，奶奶就来帮妈妈带孩子。大概到孩子2岁左右，妈妈离家打工，孩子也被带回奶奶家抚养，和妈妈分离的时间持续了4年。后来妈妈调回来了，孩子和妈妈并不亲密，但好在小丹成绩挺好，也不用妈妈操心。

一转眼，多年过去了。小丹考上了大学，谈了一个男朋友，无意中被妈妈发现了，在家里引起了轩然大波。那个男孩家里是农村的，父母都是农民，还有两个弟弟，经济负担很重。在妈妈眼里不是理想的婚配对象，于是果断地勒令小丹与他分手。小丹和妈妈抗衡了许久，哭也哭了，求也求了，可是妈妈仍然不为所动。小丹与男友分手的当天就割腕自杀了。抢救回来之后，妈妈以为过一段时间小丹的情绪就能恢复。没想到小丹的情况愈发严重，割腕自伤是家常便饭，脾气也是越来越大。

年幼时被忽视，不被尊重，情感需求不被满足的孩子，如果在成年后又被父母过度"关心"，过度干涉生活，心理状态一定是堪忧的。小丹母亲对孩子成人后的过度干涉并不是真的爱。这种过度关心还是源自父母的控制欲，是父母为了缓解自己的焦虑与孤独，并不是爱孩子。

这种"该亲密时不亲密，该放手时不放手"的亲子关系是非常不健康的，身处其中的人很受折磨。当父母能够意识到亲子关系很容易进入到这种不良模式时，就是转机的开始。希望年轻的父母，可以在适合的时候做适合的事，教育孩子更加地顺应人性，结果也必将更加舒服美好。

心理小课堂

"你陪我长大，我陪你变老。"这种亲子之爱是人世间最美好的感情，希望我们都有能力拥有。

7. 把孩子当成一个"人"来平等对待

笔者认为，**这个世界上没有"孩子"，只有"小大人"**。这句话包含两层意思，一层意思是年龄再小的孩子，即便是刚出生几个月的婴儿，也有丰富敏锐的感知能力，只是还无法与他人交流。父母不该认为孩子无知无感，父母在自己认为"孩子还小，什么都不懂"的心理下可能犯下很多育儿错误；第二层意思是，每一个孩子都是一个独立的个体，需要家长把他当成一个"人"去平等对待。本节主要谈这一层。

曾经在一个寻亲电视节目上看过一个令人唏嘘的孩子，我们叫她阿宝。孩子的父母在孩子5岁时就离婚了，爸爸妈妈都分别去大城市打工，留下三个孩子给爷爷奶奶抚养。父母离开时，家中最大的女孩才5岁，弟弟妹妹刚出生。妈妈自从离开就没有回来看过孩子们，弟弟妹妹可能还小感受不明显，5岁的阿宝却天天都盼望见到妈妈。

阿宝实在太想念妈妈了，于是她决定去找妈妈。她把爷爷奶奶每天给她的早餐钱存下来，平时还会捡垃圾卖废品赚钱，准备了468元买火车票去找妈妈。整整四年间，孩子都没有吃过早餐。第一次孩子存到了400元，被奶奶拿走了；孩子继续存，又存到了300元，又被奶奶拿走了；第三次孩子存到了98元，这次在节目组的安排下，孩子终于见到了妈妈。

孩子带着自己成绩优秀的卷子对妈妈说，妈妈交代的话她都做到了，她在好好学习，也在好好地照顾家人。阿宝把自己存的98元给妈妈，希望妈妈可以在她生日的那天买火车票回家，因为她的心愿是希望妈妈今年陪从来没有过过生日的她过一次生日。

整个节目过程，台下的观众都泪流满面。孩子太可怜了，我们在为孩子的遭遇感到心痛的同时，也看到了阿宝身上惊人的力量。阿宝看上去弱小的身躯里有着无比坚定的信念和执着的追求。一个孩子可以做到几年不吃早饭，将钱存下来，这份计划和坚持令人佩服；在奶奶一再将钱拿走后，阿宝没有放弃，继续完成自己的计划。谁敢说小孩子没有思想、没有能力呢？怕是很多成人都要自愧不如。

同时我们也看到了事情的另一面——养育者没有把孩子当成一个"人"来平等对待，处处体现出了对孩子居高临下的态度。爸爸妈妈选择离开孩子外出打工，是家长单方面的决定；奶奶拿走阿宝存的钱，也是单方面的决定，丝毫没有顾及孩子的感受。**这种行为的背后，其实是一种"权威心理"在作祟。**父母、长辈从来没有把孩子当成一个"人"来平等对待，自己想做什么就做什么，并且觉得这一切没有什么错，毕竟"孩子懂什么"！

● 再小的孩子都需要平等对待

孩子年幼时，各方面的能力还没有发育成熟。父母很容易不自觉地感受到自己在孩子面前无所不能的优势。是否满足孩子的意愿或者需求，有时候很大程度上取决于父母的认知或者心情。但是，如果父母想要培养一个自尊、自信、自爱的孩子，再小的孩子也要平等对待。

成为一个受人尊敬，自尊自爱的人，这种能力是要从小培养的。幼年时就被父母平等对待，孩子会建立健全的自信心与自尊心，进而发展出自己的优势能力。这种方式被内化后，孩子长大一定会是一个自尊自爱自信之人。如果从来不曾被平等对待，孩子的性格很可能会自卑、敏感、懦弱，能力得不到发展或者因为屈辱委屈变得愤怒暴躁。这是有违我们育儿的初衷的。

另外，平等对待孩子，孩子从小有良好的环境表达自己，更容易与父母建立一种如朋友般的亲子关系。这对父母和孩子来说都是一件非常好的事，好的亲子关系是避免或者解决很多成长问题的灵药。

● "平等"不是口号，家长要落到实处

"人，生而平等"这句话并不是最近才被提起的，但是无论在社会中还

是在家庭中，真正能做到的人却为数不多。作为父母，我们要明白"平等"不是口号，只有真的相信并且做到，才可能真的从中有所收获。比如，遇到问题时听听孩子的想法和意见；买衣服时问问孩子是否喜欢；点餐时告诉孩子为什么这个不能吃，那个不能要……这种平等的沟通多了，孩子才能获得更好的成长。

心理小课堂

想要做到平等对待孩子，就要允许孩子发声并真心尝试接纳孩子的建议。

8. 过度补偿要不得

《心理咨询大百科全书》将"过度补偿"定义为：一个人在身体方面或心理方面的缺欠引起过度的补偿行为或"矫枉过正"。根据补偿的来源可以将过度补偿分为：主动过度补偿和被动过度补偿。主动过度补偿指个人对自己的一些缺陷与不足做出的过度补偿。被动过度补偿指个人没有提出要求，而其他人将过度补偿施加于个人身上。一般的被动过度补偿发起者多为家人。

在儿童心理病区，经常见到抑郁状态的小患者。通过对他们的了解，可以发现他们基本上都有一个缺乏精神关爱的童年。父母很少关注他们的内心世界，父母陪伴少、聊天少是他们童年生活的共同特点。孩子长大一点，抑郁发作后，家长才意识到问题的严重性。在医生的教育下开始一改往日强硬的风格，从一个极端到另一个极端，不但不再强制命令，反而开始百依百顺。但是，这样真的对孩子的抑郁情况有帮助吗？开始，不再受打压的孩子是会感觉好一些，但是马上就会发现新的问题，病情出现反复。因为孩子感到父母现在的百依百顺是出于对自己的害怕，害怕自己会伤害自己，害怕病情继续恶化。虽然父母换了方式，但是仍然没有试图真的理解自己。孩子内心依然有不被理解的痛苦。

这就是父母和家人给孩子的过度补偿。这种补偿其实更像是父母对自己的过度补偿。**表面上是父母在补偿对孩子的关爱与支持，其实是在补偿父母内心对自己曾经错误的内疚感。**

● 过度补偿给孩子带来的危害

父母过去因为忽视或其他原因犯下的错，现在想要补偿，其实是没有错的，从一定程度上也会有所帮助。但是过度的补偿也会带来新的问题。

（1）孩子不堪重负。为了弥补曾经对孩子的关心不足与打击，父母突然对孩子变得百依百顺。孩子虽然能感觉到被关心和压力减轻，但在过度补偿的情况下，孩子感到更多的可能是感情上的重担。因为父母现在的过度补偿，是含着希望孩子扭转劣势，甚至变成优势的愿望的。这无疑是一种新的压力。

（2）造成孩子适应不良。过度补偿一定是超出正常范围的，与整个大环境的常规关心程度是不和谐的。孩子习惯了其中一种，就会对另外一种产生适应不良。在家中孩子是全家人关注的焦点和所有意见的掌控者，进入其他群体必然无法同样如此，相应可能会产生负面情绪甚至无法适应。

（3）容易矫枉过正。曾经受父母打压的孩子，父母开始过度补偿。孩子虽然可能不再胆怯、沉默，反而开始对家人要求过多，以自我为中心。

事实上，**对孩子过度补偿，不过是父母从一种错误模式调换到了另一种错误模式**。孩子始终没有受到正确地对待，孩子的问题也可能从这种问题变成另外一种问题，甚至兼而有之。

● 父母应该如何把握分寸，适度补偿孩子

面对曾经对孩子犯下的错，爱孩子的父母都会愧疚焦虑，希望做些什么弥补过错。适度补偿就是在完成这份工作。如何把握分寸，避免将适度补偿变成过度补偿呢？

（1）不为了补偿孩子打破原则性的规则。曾经对孩子过分严厉的父母，可以改变方式，温和平等地对待孩子，为孩子营造宽容的环境。但是注意避免为了补偿而打破原则性规则的情况。如孩子犯了撒谎，抢别人东西，故意破坏公物等错误，不应该视而不见，仍然要指出并要求改正，只是要注意态度温和坚定。

（2）缺乏什么补偿什么。父母对孩子的亏欠多数是陪伴时间少，陪伴质量不高或者忽视孩子的意见等方面。那么，缺乏什么补偿什么才是正确的方

法。比如，曾经忙于工作错过孩子成长的父母，要多抽时间全身心陪伴孩子；曾经忽视孩子感受的父母，要多给孩子机会表达自己，认真倾听，重视孩子的感受与意见等。

心理小课堂

还有一种情况，父母因为小时候在某些方面有匮乏，在成为父母后有意或无意地在自己孩子身上进行过度补偿，这也是父母要注意的。

第四章

在爱与宽容的条件下，

和孩子说规矩

1. 让孩子感到无条件被爱

本章探讨的主题是：如何与孩子说规矩。这个"说"不仅仅是它的表面意思，如何让孩子成为一个有规矩的人包含了大量的前期工作和正确的方式。在家长关注如何给孩子建立规则，如何让孩子成为一个有规则意识的人之前，首先要给孩子做好前期的心理建设，让孩子感到自己是无条件被爱的。在这个基础上建立的规则才能让孩子真正发自内心地去遵循。

● 希望自己无条件被爱是人类的天性

对爱的渴望是烙印在每个人的血液中的，甚至可以说，人类所追求的价值与意义的核心都是希望证明自己是被爱的。无论是对金钱、名利、成就的追求，还是对公益活动、极限运动等的热衷，所有这些行为的背后都可以看到人们希望证明自己是被认可的，是值得被肯定、被尊重、被爱的。每个人内心里都希望能获得一份不被世俗标准影响的，没有功利色彩的，无条件的爱。这真的很难，但是幸运的人是可能从父母那里得到这样的爱的。

● 无条件被爱给孩子最基础的安全感与自我价值感

前文笔者探讨过 0～6 岁不同阶段孩子的心理发育需求特点，但是希望自己被爱被接纳是在任何年龄段都贯穿始终的核心需求。母亲把孩子当成全世界最重要的人，孩子感受到自己被无条件地接纳与关爱，这种亲密关系可以帮助孩子建立起最基础最重要的安全感和自我价值感。这将是孩子将来面对生活最基础的力量，是孩子一生的幸运。

曾经体验过无条件被爱的孩子，曾经被当作过全世界最重要的人的孩子，会形成自信的人格特质，遇事不容易恐慌，也不容易自卑，不容易受到诱惑，更不会轻易自我放弃。因为在他小时候，父母对他无条件的爱已经内化，让他懂得自爱，更加珍视自己。

前些年苹果手机盛行时，每个人不管是真喜欢还是跟风都会想要拥有一部苹果手机。用苹果手机已经成了年轻人之间一种攀比的风尚潮流。尽管成熟的人会觉得这种攀比没有什么意义，但是也可以理解年轻人对时髦的追求。

曾有这样一个新闻：年轻的孩子（小王）为了买一部苹果手机，将自己的肾卖掉，一个肾也不过换了2万元而已。这让世人震惊不已，人们简直不能理解，为什么一个17岁接近成年的孩子会分不清手机与肾对于人的价值与意义孰轻孰重，而去做这样的交换。尽管后来这次买卖肾的几个嫌疑人都得到了法律的严惩，卖肾的孩子也得到了在当时看来数目可观的经济赔偿，但是孩子的身体终究是毁了。现在的小王有严重的肾功能缺陷，要经常透析，赔偿金也所剩无几，无法工作无法正常生活，拖着病体靠低保度日。本应该最有活力的年纪却只能在病床上苟延残喘。

小王的父母是普通的职工。事情的起因是小王沉迷电子游戏，与家长发生冲突后离家出走一个月。悲剧就是在这一个月当中发生的。小王的父母说小王从小都表现很好，人很善良，这次的事件就是因为赌气。小王的父母很后悔当时因为孩子学习成绩下降，没有好好和孩子沟通，而是给了他很多的责骂和压力，是糟糕的亲子关系导致孩子离家出走的。最遗憾的是，在小王离家出走期间是和家长有联系的，父母也知道他在哪个城市，可父母没有采取任何找寻的行动。从这里我们不难看出小王的父母对小王在一定程度上是疏于关心与照顾的。这也就能解释为什么小王会做出这样令人不可置信的选择。这是非常严重的无价值感的体现，这样的孩子觉得自己没有价值——自己的肾甚至比不上一部手机。他从小一定没有得到过无条件的爱。因为从父母那里得来的信息是自己是不值得被爱的，或者一定要达到某些标准才可以被爱的。他把这种观念内化了，不珍惜自己，不懂得自爱。

这个案例中，显示出无条件爱孩子有多么重要。由"不被爱"导致的孩子内心安全感缺失和无价值感会造成多么严重的后果。希望家长都重视起这一点，不要再发生这样的悲剧。

● 无条件被爱的孩子才有能力发展自我

体验过无条件被爱的孩子无疑是幸运的，也是幸福的。这种爱会在孩子心中埋下美好的种子，随着时间的流逝会慢慢开出花来。**被爱温暖的孩子会拥有坚定的内心，坚韧的品质，乐观的态度和强大的力量。**面对人生的困难，会有能力迎接挑战，有信心克服困难，有活力找到解决问题的办法；面对纷繁复杂的人生中可能遇到的诱惑，会有鉴别真伪的直觉，有保持真我的定力，有拨开伪饰的能力。

无条件地去爱我们的孩子吧，这将是父母能给孩子最有力的支持。无条件被爱的孩子就仿佛踩在了坚实的大地上，孩子可以无后顾之忧地向上跃起，达到他们最适合自己的人生高度。

心理小课堂

无条件被爱是每个人一出生就有的需求，越是年幼时，这个需求越强烈。这是人类的本能，也是每个人能够走好这一生的基础。无论父母对自己的孩子有什么期望，千万别忘了无条件地去爱孩子，这是必需的，也有着巨大的正向意义。

2.控制与放纵，都不是好选择

无规矩不成方圆。任何事件的发生发展都有规律可循，养育孩子同样有其要遵守的规则。如何与孩子说规矩，如何教孩子遵守规则是父母要把握的。控制与放纵，都不是好选择。

● 控制——磨灭生命力，激发叛逆性

强势的家长最爱控制孩子。这样的家长往往很自信或者在孩子面前很自信，对其他人缺乏同理心。他们不了解孩子各方面能力发展的规律，也缺乏调整自己的意愿或能力，对孩子的教育就是简单粗暴的要求与命令。孩子在他们眼里是什么都不懂的，他们认为自己的安排或者想法一定优于孩子的意愿。不听家长的话就是有问题，必须想办法改变孩子才算走上正道。

由这样的家长养育，孩子也往往有共同的特点。**一种是"mama boy/girl"，也就是人们常说的"妈宝"**。这样的孩子听话、胆小、缺乏主见、自卑、敏感、没有创造力。因为在孩子一次次想要发出自己的声音时，都被强势的家长打压下去，孩子没有机会为自己发声。久而久之也就觉得自己的想法不值得被考虑，注定不会被尊重，也不会实现自己的意愿。让自己成为一个没有观点的人反而少受挫，即便日后给他们机会去发表看法，他们也无法发声。他们已经不知道自己想要什么，想要怎么做，也丧失了独立自主的能力。

另外一种，是被大家叫做"问题少年"的孩子。他们表现得非常叛逆，只要是家长要求的一定去反抗，进而反抗老师，反抗社会规则甚至法律。这样的孩子看似非常固执，过分自我，其实也只是假象。他们坚持的并不是真正的自我，只是为了对家长的控制或者规则做出反抗。

诊室里坐着一对母女，看上去家庭条件不错。妈妈有40多岁了，皮肤

依然白皙紧致，衣着雅致利索。女儿也很漂亮，衣着风格和妈妈很不同。女儿身着一身黑，化着浓妆，染着黄发，非常消瘦，一脸不屑的表情，我们叫她芊芊。

来看医生是妈妈的主意，这已经不是第一次了。之前女儿一直不配合，这次终于被妈妈说动了，但是仍然对医生的问询很抗拒。

妈妈希望医生看看为什么自己的孩子现在如此叛逆。芊芊是家中的独生女，从小家中条件优渥，父母对芊芊寄予了厚望，花费很多精力在芊芊的教育上。妈妈是个要强的人，从小对芊芊要求很高。小时候芊芊也很听话，只要是妈妈提出的要求都努力完成，妈妈一直觉得自己的教育很成功。可是进入青春期后，芊芊变了，开始和妈妈顶嘴，妈妈很生气，就更加严厉地批评并且制定了很多规矩。妈妈觉得如果不及时制止，孩子会变得更加不好管教。结果，母女两人的关系越来越糟。到后来，芊芊发展到不去上学，并且学会了抽烟，开始把自己打扮成妈妈最不喜欢的街头风格。每次两人起冲突，妈妈越生气，芊芊越得意。

听完芊芊妈妈的描述，医生问芊芊怎么看待妈妈以及自己和妈妈的关系。芊芊沉默了一会儿，撇了一下嘴说："她永远只关心自己想怎么样，让我来医院也是觉得我有病，只要不听她的就是有病。"医生对芊芊妈妈讲，孩子这一句话其实已经告诉我们答案了。首先孩子现在这样，和小时候的表现判若两人并不是说现在出现了问题，尽管青春期可能会夸大她的表达，但是一定是和之前的养育方式有关系的。妈妈要换位思考，尊重孩子，一味地要求孩子听自己的话是行不通的。

上面案例中的芊芊是典型的青春期叛逆，她叛逆的目的只有一个：让自己拥有对人生的主动权。这些**从小被控制的孩子，长大后会变得无法考虑事件本身，无法考虑自己到底想要怎么做，只能忙于叛逆反抗，摆脱自己被控制的感觉。**

● 放纵——无法建立规则意识，丧失融入社会的能力

与强势的父母不同，另外一种极端的父母他们对孩子非常"宽松"，基

本不给孩子设立任何规则。有些是不愿意花精力在管教孩子身上，有些是信奉"散养"孩子，甚至有些就是单纯地害怕孩子不高兴。不论是上面哪种情况，都是对孩子的放纵。

在孩子还小的时候，可能家长还看不到放纵的危害。孩子可能只是玩完玩具不归位，吃饭自己爱吃的就全部吃光不管其他人，想看多久电视就看多久，晚上不睡早上不起，在公共场合大喊大叫等。作为一个3岁以下的小朋友，这些问题仿佛不是很严重，其实错误的生活习惯已经在影响孩子了。再大一些，孩子可能会越来越任性，结果就是无法与其他小朋友相处，交不到朋友，适应不了学校生活；然后可能表现出对学校、对社会适应不良。这样的人是无法正常生活的，更别提有什么成就，或者拥有幸福人生了。

不能放纵孩子不仅仅是因为大环境无法接纳不遵守规则的孩子，而且孩子本身也是很痛苦的。没有朋友的孤独感，不被接纳的自卑感将伴随其一生。没有规则意识，孩子的路会越走越窄，越走越艰难，这是任何父母都不希望见到的。所以，用合适的方法教孩子遵守规则是所有父母应该学习的。

心理小课堂

教孩子做一个有规则的人是现代社会赋予父母的一项非常重要的任务。讲规则不是胆小，更不是墨守成规，父母对规则的理解和态度，关系到孩子的将来。

🌿 3.像尊重朋友一样尊重孩子

做好父母是一份需要投入大量精力与时间的工作。父母要怀着爱孩子的心，适度地行使父母的权利，与孩子建立良好的亲子关系。良好的亲子关系是化解可能会遇到的各种育儿问题的有利基础，也是"定规矩"的前提之一。

● 尊重孩子的感受，是"定规矩"的前提

父母最容易犯的错误就是忽视孩子的感受，特别是中国传统文化对人们的影响，让中国父母更容易犯这类型的错误。父母往往认为孩子不具有判断性，能力极其有限，孩子的想法是不值得被采纳的，至于孩子的感受也只是小孩子的小脾气，转眼就会被抛诸脑后。其实孩子的想法虽有其幼稚之处，但思考本身就是父母应该鼓励的。想要培养一个独立自主、有创新能力的人，孩童阶段就应该引导孩子多思考、多实践。

放到"定规矩"上来说，尊重是沟通的前提，沟通是定规矩的必要步骤。缺乏尊重的条件下，定下的规矩形同虚设，甚至有可能给孩子带来伤害。

儿童病房里住进来一对母女，女儿名叫毛毛。毛毛看上去阳光开朗，见人就笑，很懂礼貌，心理测试结果却为重度抑郁。心理师建议毛毛住院，果然，住院后2天，毛毛发病了，起不了床，一整天都不开窗帘，屋子里不见光，不是睡觉就是在哭。

用药后，毛毛稍见好转。有一次笔者查房时看到她在病房里哭泣，问她是否愿意聊聊，她点头，慢慢讲述了起来。

毛毛哭泣并不是因为眼下发生了什么让她难过的事情，她也不知道为什么要哭，就是想哭，特别特别难受。当抑郁来临时，她不想和任何人说话，只想一个人静静。我们问毛毛：不能和妈妈说说吗？可是她说自己最

不能交流的就是妈妈，和妈妈在一起就烦躁害怕，心情沉重，很害怕和妈妈独处。尽管知道妈妈很爱自己，可是还是无法相处。

我们了解到，毛毛的妈妈是一个普通的农村妇女，勤勤恳恳为家庭和子女付出。但是她非常强势，家里的人都必须听她的，她定下的规矩绝对不可以触犯。毛毛说，她印象最深的是6岁时发生的一件事。那时候妈妈每天5点就要起床下地干活，她7点起床给家里人做早饭，妈妈7点半从地里回来就能吃上早饭，然后去村子附近的工厂干活。有一次她起晚了，本应该7点起床的她晚了半个小时。妈妈回来后看到她还没有起床，早饭更是没做，抄起烧火棍就对着床上的毛毛打，毛毛声嘶力竭地嚎叫，可是没叫两声就被妈妈一个巴掌打了上来。妈妈不允许毛毛哭叫，毛毛只能咬着牙低声哀号。

毛毛最后对我们说，如果妈妈不在身边，她觉得状态会好一些。

毛毛的妈妈对她毫无尊重可言，想打就打，想骂就骂，她想定什么规矩就定什么规矩，没有和孩子商量，也容不得丝毫意外。这样"高压"下成长起来的孩子，怎么可能不生病呢？抑郁到了重度是随时可能自杀的，可以说，是毛毛的妈妈将孩子一步步逼到了这个境地。源头是父母出了问题，现在却让孩子吃药。**若父母对孩子缺乏尊重，定下的规矩可能变成了一种伤害。**

● 受到尊重的孩子，更有规则意识

有的父母会担心，尊重孩子的感受会让孩子有恃无恐，孩子会变得更加没有规矩，无法管教。**事实上，真正被尊重的孩子，也会懂得尊重他人。他们不但不会更加顽劣，反而会自觉主动地遵守规则，为他人着想。他们更加具有同理心，也更加有责任感。**

被父母尊重的孩子，更懂得自尊自爱。因为自己的感受能够被父母感受并有正向的回应。他们往往更能体会他人的感受，愿意通过自己的行为让他人感觉更好一些。他们会尊重大多数人的利益，而规则和法律就是在守护大多数人的利益，因此**被尊重的孩子成为问题少年的可能性非常低**。

● 任何时候，尊重是底线

　　谈到父母要尊重孩子的感受和需求时，总有父母会说："我也尊重他了呀，可是没用，他还是……"这样的父母还是不懂得尊重的意义。在他们看来，"尊重"是一种让孩子听话的方式，和说教、指责、打骂在本质上没有区别，都是控制孩子的手段，目标仍然是让孩子如父母所愿。

　　尊重是什么？尊重是即便孩子不能按父母定下的规矩行事，父母仍然认为孩子是有权利为自己发声的。父母要把孩子的感受当成判断事件的首要因素，并且必要时调整自己定下的规矩。**尊重不是达到目的的手段，尊重就是目的。尊重是父母和孩子相处要遵守的底线**。即使事与愿违，即使孩子没有达到父母的要求，也别忘记尊重孩子。

心理小课堂

　　尊重是经常被人提起的词语，但是真正能做到尊重他人却并不容易，尤其是尊重孩子。

4. 理解不是赞同

"理解"首先是尊重孩子作为一个"人"的感受与体验，认同并支持孩子说出自己的感受及主张。但是，**这种理解不是赞同，而是一种倾听，一种感同身受，一种设身处地为孩子着想的态度。**认识这一点在孩子违反"规矩"时很重要。家长可以去回想，当孩子触犯那些成年人看起来理所当然要遵守的规矩时，你是先尝试着去理解孩子，还是批评的言语张口就来？

● 孩子触犯规矩之后，家长要试着去理解

家长都知道，为 0～6 岁的孩子定下规矩之后，几乎没有孩子不触犯规矩的，比如"饭前洗手"这一小条规矩，孩子会一而再，再而三地"忘记洗手"。那么，面对一再破坏规矩的孩子，家长是立马指责，被孩子的一次次错误逼到发怒呢，还是站在孩子的立场上想一想，尝试发现他为什么做不到？他是遇到了什么困难吗？

一般情况下，孩子总是不守规矩可能有 3 类原因。

（1）孩子忘记了。一个新的习惯养成，是需要一段时间去多次重复的。父母应该给孩子时间养成习惯，而不是要求孩子立马能照办，这是不现实的。**父母应该有做好等待的心理准备。**

（2）没有意识到规矩的必要性与重要性。父母为孩子设立规矩时，要尽量用孩子能理解的方式告诉孩子为什么这样规定。如果只是简单粗暴告诉孩子必须听话，影响力明显不足，也不符合父母尊重孩子的原则。

（3）在遵守规矩方面有困难。有时候父母会认为给孩子定的规矩都是简单、易遵守的，孩子应该能够做到。但是父母忽略了作为孩子和成人的差别，**有些对于成人来说轻而易举的规矩，孩子执行起来就可能有困难。**譬如，父母要求孩子吃过饭后，将碗盘放到厨房的洗碗池里，但是可能会忽略

孩子身高不够，力所不能及。

最重要的是，即使孩子破坏规矩的原因不是上述的任何一种，父母也不能不问缘由地打骂责罚或者反复唠叨。而是要试着站在孩子的角度寻找原因，只有这样才有可能帮助孩子建立规矩，而不至于规矩建立不成反而破坏了亲子关系。

● 家长要明白，理解与赞同不是一回事

强调理解的重要性是因为太多的父母在这方面做得不够好。有些父母意识到了要理解孩子，但是受到自身习惯的影响，一时难以贯彻；还有些父母则是担心总是强调理解孩子，难免会对孩子疏于管教，反而对孩子的成长不利，这种想法来源于对"理解"的误解。

有一种家长，他们很重视家庭教育，对现在的育儿方法很认同。他们认为应该尊重孩子，平等对待孩子，理解孩子。于是，在孩子因为得不到玩具躺地上大哭大闹时，当孩子咳嗽却非要喝冷饮时，当孩子拒绝归还别的小朋友的玩具时，因为"理解"孩子，父母都会向孩子妥协。慢慢地，孩子掌握了父母的软肋，知道只要自己闹就能被满足。在这样的养育方式下，孩子越来越没有规矩，越来越难以满足，难以取悦。到最后父母完全失去了教育孩子的主动权。这就是父母误解了理解的意思，把理解当成赞同。

父母要明白，理解是一种我们面对孩子时深入心底的态度，是为了不错怪孩子，不委屈孩子；是为加深了解，促进亲子交流的和谐与效率。但并不等于说理解就是赞同，也不意味着父母要放弃原则，纵容孩子的一切。

面对没有规则意识，一再破坏规矩的孩子，父母的态度应该是"孩子，我理解你，但是我不同意你的观点"或"孩子，我理解你，但是这样做是不对的"。要让孩子明白：爸爸妈妈在感情上支持你，也愿意帮助你。但是合理的规则我们还是要遵守，破坏规则的行为是不对的，应该改正的。这样既

避免了站在孩子的对立面，让孩子产生逆反心理，又没有放弃给孩子树立规矩的初衷。父母与孩子是在同一战线的伙伴，共同面对"如何遵守规则"这个问题，帮助孩子成长。

心理小课堂

哪些规矩是必须遵守的，哪些又是来自父母自己的控制欲，这是在树立规矩前父母要仔细考虑的，避免以树立规矩之名控制孩子。

5.定五条规矩

世上的规则要细数起来非常多，父母不可能给孩子定下繁多的规矩。这样的要求一方面不现实，另一方面给孩子定太多的规矩也不利于孩子人格的健康发展。我们要做的是给孩子一些基本的、大的框架，让孩子养成良好的习惯。抓住最核心的几个点，在这些基础上尽量多地给孩子留有空间，而不是无孔不入地去干涉孩子。

父母应该在爱与宽容的条件下与孩子说规矩，做到以下5点。

● 不损害他人利益

"不损害他人利益"不仅仅是孩子要遵守的最基本规则，成年人进入社会后，不损害他人利益也是所有社会规范中基本的、最核心的规则。当前，整个社会都在提倡个性，鼓励大家做自己。世界就是因为有形形色色不同的人才会有丰富多彩的乐趣与美好。但是，突破了底线的过分自我是要反对的。这个底线就是不损害他人利益。这也是教导孩子尊重他人的基础。

经常在社会新闻上看到有大妈跳广场舞扰民的报道。大家批判的不是大妈跳舞，批判的是跳舞大妈在跳舞的时候把音量调得太大，影响居民正常的工作学习和休息。同理，父母给孩子一个宽松的环境发展自我，也是在不影响别人的基础上。譬如，有的小朋友会在餐厅里大吵大闹，这就有可能影响到了其他顾客用餐。家长不要因为孩子就是天性欢乐而视而不见，尽管阻止未必立刻管用，但是这些规则是要一直提醒与教导孩子的。

这一条规则其实可以涵盖很多育儿常见问题。除了在公众场合不可以大哭大闹外，不随地乱扔垃圾，不独自霸占共用物品等均属于此列。因此，当这一条规则真正地深入到孩子的意识中，孩子基本就是一个非常有爱、非常文明懂礼的天使宝贝了。

● 不主动动手伤人

孩子开始有自我意识后，与人相处的过程中难免会发生矛盾。如何处理矛盾，如何正确表达自己的意愿与情绪是父母要教给孩子的规矩之一。

父母教育孩子要成为一个懂礼貌讲文明的人，发生矛盾时首选方法不是武力解决。一方面动手可能会引起矛盾升级，可能会有人受伤，起不到解决问题的作用；另一方面学着**用非武力的方法解决矛盾，是对孩子各方面能力提出了更高的要求**。在这个过程中孩子要克服恐惧、愤怒的情绪，要学会换角度思考问题，要学会平衡双方利益等，是个更加综合全面的分析思考与实践的过程，无疑是对孩子的社会交往能力的全面锻炼。

"不主动"出手伤人，但是，如果有人动手欺负孩子，在孩子严肃地发出警告后仍然不收敛，孩子是可以动手还击的，这是捍卫自己必须做的。一方面可以避免孩子受伤，另一方面也是对对方的警告与遏制，防止伤害升级。注意，孩子还手的目的是为了保护自己，所以程度是要把握好的。

● 在爸爸妈妈面前不保留秘密

0～6岁的孩子还处于天真烂漫的年纪，不具备识别谎言的能力，也容易受到威胁恐吓的震慑。这些都是容易被不怀好意的人利用的特点。所以，在孩子小的时候要告诉孩子，在爸爸妈妈面前不保留秘密。**这是父母对孩子的一种保护，也是对孩子心理安全的一种支持。**

告诉孩子在父母面前没有秘密也是对孩子的一种监管有利于父母了解孩子，掌握孩子动态，方便父母及时发现孩子的困难和问题，并做出适当的反应。孩子年幼时，父母的监管还是很重要的。这种**不对父母保留秘密的状态是有期限的，随着孩子的慢慢成长，父母要懂得及时收手，给孩子足够的个人空间。**

● 任何时候，保护自己的生命是第一位的

保证孩子健康平安的长大，帮助孩子成长为一个有独立能力的人是父母的职责。教育孩子在任何时候、任何情况下，保护自己的生命是第一位的。虽然保护自己的生命应该是动物的第一本能，但是在孩子还弱小时，在遇到紧急事件时容易在惊吓中失去思考能力和反应。如果平日里父母有过明确的引导，就会帮助孩子在紧急情况下做出正确的判断。孩子会知道食物、玩具、财物等和自己的生命相比都是可以舍弃的。在关键时刻，这样的认识是可以救命的。在生命受到威胁时，平日里条条框框的规则都是可以暂时放到一边的。这是需要父母告知孩子的。

心理小课堂

教孩子规矩的本质是将一些普世的价值观直接总结成结论告诉孩子，让孩子更快地融入团体，适应环境。

6. 父母是孩子践行规矩的榜样

在探讨如何教孩子规矩时，还有一点也是至关重要的，那就是父母是否以身作则，遵守自己口中所教给孩子的规矩。要知道，行动大于语言，相比说教而言，父母的行动对孩子更具说服力和教育意义。

● 越是小时候，孩子身上的问题越多来自父母

"严于律人，宽于律己"，这是大部分人都容易犯的错误。特别是当父母面对自己的孩子时，不管出于什么原因，很容易不知不觉就犯这样的错误。有的家长是因为觉得自己不够好，所以特别希望孩子好；有的家长是因为没有意识到自己本身是有问题的；还有的家长干脆觉得孩子该守的规矩自己不用守！

6岁的小祝随爸爸妈妈一起来诊室就诊，孩子看上去文文弱弱的，妈妈也很内敛、娴静，爸爸比较强势。

小祝父母的困扰是，孩子小小年纪就经常说脏话。妈妈在网上查过，看到了"秽语综合征"，想找医生来看看是不是这个病。医生仔细询问了孩子的情况，发现孩子虽然有说脏话的情况，但是并不伴有抽动，应该不属于"秽语综合征"。

在问诊的过程中，我们观察到小祝的爸爸很强势，语速快。在小祝妈妈说话时，小祝爸爸经常不满地打断。我们也听到了小祝爸爸嘴里冒出了"kao"这样的脏话。顿时，心里就大概明白了八九分。

与爸爸不同，小祝的性格比较内向，甚至有点小忧郁，跟妈妈更亲密，和爸爸相对疏远。当医生为他为什么说脏话时，孩子说因为爸爸也说。听到这里小祝爸爸面色稍露尴尬，但是很快就说："是，我有时候会说些脏话，但是我们是大人，有时候朋友之间难免这样，太文气了朋友也交

不到了。他是孩子，怎么能跟我一样呢。我也跟他说过好多次了，但就是不改。"小祝妈妈面露不悦，说："你是他爸爸，你总这样，孩子当然会有样学样了。"爸爸立刻反驳："我要应酬的，他今天要是20岁了，我肯定不管。"

妈妈尽管很不高兴了，但是没有再说什么。我们看到这里已经很清晰地知道怎么回事了。于是我们对小祝爸爸说："父母是孩子最重要的老师，不是您告诉孩子哪些东西跟爸爸妈妈学，哪些东西不要跟爸爸妈妈学孩子就可以照办的，换了任何人都不行，不管好的坏的都在影响孩子，您想要让孩子改掉说脏话的毛病，您首先就要改变自己。"

家庭教育比起学校教育更加重要。孩子越小受家庭的影响就越大，**父母一厢情愿地希望孩子能避开父母身上的问题而变得更好是行不通的**。像小祝爸爸这样，明知缘由，还把解决问题的希望都放在孩子身上是不明智的，也一定会事与愿违。

● 父母是孩子践行规矩的榜样

孩子在成年前要学习很多，学校教育主要负责学科类的知识传授，而品格、道德和习惯的养成其实更多地来自家庭，也就是父母的教育。谈到教育，我们首先想到的总是如何把规则和道理通过语言或是一些方法教给孩子。事实上，父母本身的言行就是孩子最好的教科书。任何信息的内化都不是家长只通过语言要求孩子就可以做到的，语言只是将这些信息外化的表达。真正能传输到孩子内心的、让孩子相信并认同的是事实，人们常说的"耳濡目染"就是这样的道理。从一个孩子身上不难看出他的父母和家庭大概是什么风格，因此，父母是孩子践行规矩的榜样。

● 以身作则——最简单又最困难的育儿经

成为好的父母不是那么简单的。有些父母常常拿自己和高知父母相比，认为自己文化程度不高，能辅导孩子的学业非常有限，因此感到自卑和焦虑。其实，这些父母把关注点放错了，现代社会文化知识的传授从来都不是依赖父母来完成的，即便父母是学者、教授也还是要把孩子送入学校学习。父母最该关注的不应是这些"术"的教授，而应是"道"的影响与熏陶。

一个孩子有什么样的道德水准，什么样的品格，什么样的生活习惯和学习习惯是父母可以把握的。这些不依赖于父母的文化水平和社会地位，而是依赖于父母本身的素养，这种素养并不一定和学历挂钩。很多目不识丁的乡村父母同样可以养育出优秀出众的子女，这一定不是巧合或者仅仅是孩子的天赋，这些父母身上一定有其优秀的品格影响着孩子。

最简单又最朴素的道理——以身作则，就是最值得父母信奉的准则。父母希望孩子成为什么样的人，自己也要朝那个方向努力，给孩子树立一个好的榜样。但以身作则往往也是最难的，并不是人人都可以做到一直自省成长的。

育儿，是每位父母自我成长的机会。拒绝成长、拒绝改变的家长无法养育出理想中的"好"孩子。这不仅仅是孩子的问题，更是父母的问题。

心理小课堂

行动大于言语。当父母不知道如何说服孩子时，不妨"缄口不言"。你的行为会给孩子最好的浸润，好的父母不会养出太差的孩子。

第五章

化解愤怒和焦虑，
建立理想的亲子关系

1. 良好的夫妻关系是理想亲子关系的基础

在人们讨论如何建立理想的亲子关系之前，首先要有一种基础认知：对于一个家庭来说，夫妻关系是首位的、最核心的关系。在保证良好的夫妻关系的基础上，才可能拥有良好的其他延伸关系，包括亲子关系、婆媳关系等。

● 良好的夫妻关系是家庭稳定的保证

家庭是孩子出生与成长的地方，它的内涵远远大于一间可以居住的房间，也远远不止于遮风避雨。夫妻亲密和谐、共同经营才可以将一幢房子变成一个家。良好的夫妻关系，会让"家"的内容不断丰富。随着时间的浸润，家中有了爱的味道，会成为让人休息放松、纾解压力、治愈伤痛的港湾。温暖的家会给人奋斗的动力和无尽的希望。如果夫妻关系不好，家可能会是孩子不愿回来的地方，没有凝聚力，无力抵抗任何的风险和困难，随时都在风雨飘摇的状态。没有稳定的根基也不会有变好的可能，身处其中的每一个人都无法获得支持。

● 良好的夫妻关系有利于孩子安全感的建立

孩子出生后的很长一段时间，除了需要满足其最基本的生理需求外，最重要的心理需求就是安全感。这关系到孩子能否拥有健康的人格基础。安静、稳定有爱的养育环境是建立孩子安全感的必要条件，而这种环境必然是良好的夫妻关系才可以保证的。试想，一对关系不好的父母总是剑拔弩张地争吵甚至动手，孩子一定会受到惊吓，在惊惧的情况下成长，根本谈不上满足孩子对稳定、安静环境的需求；另一种情况，父母关系冷淡压抑，孩子缺少温暖有爱的环境，感受到的也是和父母同样的冷漠与压抑，同样无法建立坚实的安全感。

心理医生或咨询师在进行家庭治疗时，经常会说一句话：家庭里面没有

秘密。不要以为孩子还小，不懂事，也许孩子不明白为什么父母关系不好，但是这种或不宁或冷漠的感受，孩子会非常敏感地捕捉到，并且会对孩子的心理健康造成很大的负面影响。只有夫妻关系良好，才能保证家庭的稳定和谐，才能给孩子一个有爱、温馨的生长环境。在这样的环境中孩子才可以有稳定的安全感，形成健康成熟的人格。这是孩子成长所必需的，是好的父母应该做到的。

诊室里有一对母子来就诊，儿子叫小磊，长得又高又壮，已经大专毕业了，妈妈身材娇小，看上去非常年轻。

妈妈带小磊来的原因是小磊从毕业后就长期无业，每天在家打游戏，偶尔工作过一两次，都是以短时间内辞职告终。小磊有时候还偷家里的钱。经过深入了解，我们知道小磊的爸爸妈妈从小离婚，父母早已都再婚，小磊一直住在奶奶家，爸爸妈妈偶尔会去看望小磊。从小磊记事起父母就总是吵架，小磊上学后两人就离婚了。小时候的小磊大部分时间很听话，但是会在发脾气时非常不理智，曾经有过歇斯底里的行为。小磊说就是为了和父母对着干，因为父母总是吵架，离婚后就不怎么回来看他。父母管教他时，他就不愿意听话。直到现在，小磊依然是与奶奶一起生活。

听完讲述，我们对妈妈说，小磊明显是因为父母关系不好造成的"缺爱"导致如今的状况的。小磊从小没有安全稳定的生长环境，也没有得到父母的关注与爱。父母离婚后将孩子给奶奶带，更是让孩子感觉自己是被父母抛弃的孩子。一个没有得到过足够关注和爱的孩子根本无法真正地成熟起来，无法稳定地专注于一件事，不管是工作还是学习。孩子的状态始终处于惊惧与不安中，就和小时候的感受一样，尽管他已经长大了，但是这种不安、没有归属的感觉并不会消失。可以说，小磊从小到大都在寻找父母的关爱和接纳，始终求而不得，自我价值感很低。

整个心理咨询过程，随着了解的深入，笔者感觉到眼前这个大男孩很可怜。父母可以因为感情不和选择离婚，但是孩子却遭到了无法挽回的打击与伤害。所以，父母要负起自己的责任，明白自己的行为会给孩子造成什么样的影响。即便真的无法调节夫妻间的关系，也要尽可能地保护好孩子。

● 良好的夫妻关系可以化解母亲的疲惫

孩子1岁前，特别是0～6个月，最需要的是母亲的陪伴，对父亲的需求相对没有母亲多，加上其他的社会原因，一般家庭都是母亲肩负着主要的育儿工作。育儿的过程无疑是很辛苦的，突然的角色改变，随时需要照顾孩子的拉锯战再加上其他一些事情掺杂在一起，母亲比往常更容易产生不良情绪。这时候，良好的夫妻关系将会起到非常重要的维稳作用。妻子可以向丈夫倾诉，丈夫的安慰与拥抱可能及时化解妻子的不良情绪。不良情绪得到及时纾解的妻子可以一直维持一个比较好的状态去面对孩子，不会将积压的情绪忍不住向孩子发泄，让孩子成为最无辜最受伤的发泄桶。

当今社会，因为父母关系不好，引发的虐童、孩子致残甚至致死的案例已经不在少数了。每次看到这样的新闻人们都会感到深深的愤怒与无力感，为受伤害的孩子痛心。我们希望通过本书可以让更少的孩子遭受这样的不幸，更多的父母能够学会如何给孩子创造好的成长环境。

● 父母的互动模式是孩子学习的榜样

父母的互动模式是孩子从小能够耳濡目染的，对孩子的影响深远。**孩子与其他人的互动方式包括成年后与伴侣的互动模式几乎都会模仿父母的互动模式。**"父母是孩子的榜样"这一点在人际交往方面同样表现得非常明显，父母良好的关系就是孩子以后人际关系良好、将来夫妻关系和谐的一个正面加强项。

心理小课堂

思考如何教育好孩子，如何养育一个令人满意的孩子，如何获得一段理想的亲子关系前，不如首先做到成为一个好丈夫、好妻子。

2. 做一个情绪稳定、不焦虑的家长

作为 0 ～ 6 岁孩子的家长，父母的生活很容易被孩子的各种琐事填满。即便内心对自己的孩子充满热情和爱，恐怕也难以持续地用最好的状态去面对孩子。同时，父母很容易把"爱人"变成"合作者"，把充满爱的夫妻关系变成共同养育孩子的合作关系。再没有时间二人世界，再没有时间营造浪漫氛围，有的只是柴米油盐、尿布、玩具。这种生活过久了，许多家长会发现自己的脾气越来越大，焦虑感一波波来袭，情绪越来越不稳定。

今天诊室里来的是一位新晋妈妈小丽，刚生产完 7 个多月。小丽是一位清秀苍白，少言寡语的妈妈。她红着眼眶讲了自己的情况：

成为妈妈后，家中经济条件允许，她便和丈夫商量，辞职成了全职妈妈。和孩子在一起的每一天都是幸福的，但自己的时间也完全被孩子占据了。尽管心甘情愿，可是慢慢小丽发现自己的状态越来越差，怎么都高兴不起来。每天的育儿工作也是逼着自己提着一口气去完成，和老公的话越来越少，非常容易发脾气，有时候甚至对才几个月的孩子发脾气。事后小丽虽然也非常内疚后悔，可是这样的事情却一再发生。她似乎完全控制不住自己的焦虑情绪。

小丽和朋友讲了自己的情况，朋友建议小丽给自己放个假出去散心休息。小丽不放心孩子，觉得自己为了出去玩就不管孩子，不是一个全职妈妈该做的。经过朋友的劝说，小丽决定出去玩几天。但当她向丈夫提出后，却受到了丈夫的反对，丈夫觉得小丽不用上班已经很轻松，还要抛下孩子去玩简直不可理喻，夫妻二人为此大吵一架。

经过问诊和心理测试，小丽被诊断为抑郁状态。这样的案例不仅在诊室经常见到，在我们的身边也有太多这样的家长，他们为了孩子倾尽所有，耗竭了自己而不自知，情绪在内疚和崩溃中摇摆不定。**好的养育者一定是情绪**

稳定的，情绪稳定的养育者可以给孩子提供持续的、稳定的关爱与支持，建立安详平静的养育环境。这对孩子安全感、信任感的建立和稳定健康的人格形成至关重要。所以，成为不焦虑、情绪稳定的家长是所有父母努力的目标。

● 情绪不稳定、易焦虑的原因

在家庭中，许多家长都难以逃脱焦虑的羁绊。究竟是哪些因素引起了家长的焦虑呢？

（1）身份的突然转变，生活的重心发生了巨大的改变。自从家庭添了新成员，爸爸妈妈的生活便从此不同了。家长的生活重心从自己的工作、感情、兴趣爱好等，突然转移到一个孩子身上。最初一年是孩子迅速成长的一年，但是起初孩子是毫无生活能力的，父母要事无巨细、不分昼夜地照顾、观察、保护、引导孩子。而后孩子长大一些，成了一个好奇宝宝，可惜能力却还不能与好奇心相匹配，父母既要保证孩子的安全，又要保护好孩子的好奇心不受打击，还要反复地教给孩子最基本的规则，这是体力与智力的双重考验。等孩子进了幼儿园，好奇宝宝成了活力宝宝，世界成了他们冒险的乐园。如何在保证孩子安全的情况下让他们尽情探索世界是父母的重点工作。同时，如何教会孩子适应幼儿园群体生活，提高孩子的社交能力，都是摆在父母眼前的课题，哪一个都不轻松。在养育孩子的时候，父母无法高效工作，更没有时间去做自己喜欢的事，也不再有精力过二人世界。这样翻天覆地的改变是很容易引起焦虑情绪的。

（2）疲惫会让身体健康状况不佳，从而引起情绪波动。不是每一位家长都是在年富力强的情况下养育孩子的。所有当父母的人都知道养育孩子是一件多么耗费精力的事情，全天24小时随时待命，一晚上醒四五次，睡眠不足，没有节假日，孩子越小家长需要付出的精力就越多。这种工作量会造成家长极大的疲惫。如果家长本身身体健康状况就不是特别好的话，就会引起各种身体不适，如腱鞘炎、肩周炎等，身体的不适也会加剧家长心理的不适，容易导致情绪不稳定。

（3）需要处理复杂的家庭关系。目前的社会现状是，很大一部分家庭需要请老人帮忙照顾孩子。两代人不同育儿观念的碰撞、同在一个屋檐下的界限混杂等，都很容易引起与老人之间的矛盾。这无疑是引起家长焦虑的一个重要来源。

（4）不断堆积的内疚感。回归到育儿本身来说，出于对孩子的爱及希望，所有父母都希望给孩子最好的。面对层出不穷、或大或小的育儿问题时，经验的不足、资讯的纷繁复杂很容易让家长陷入不知所措，不明所以的境地。家长也很容易在事后，对之前的处理不满意而产生内疚的情绪。这些都易造成焦虑等不稳定情绪。

● 化解焦虑，让自己的情绪更稳定

人在焦虑时，身边的人会感受得到。同样，**焦虑的家长会把自己焦虑的情绪传染给孩子**。孩子在焦虑的氛围中，无法建立安全感，也无法专注做事。更严重的是，焦虑的家长可能无法控制自己的情绪，会对孩子发泄，这对孩子的内在成长更具有破坏作用。焦虑的家长可能会带出一个爱哭、胆小、黏家长、无法集中注意力的孩子，孩子相应的其他各项能力的发展都会受到影响。

家长如何化解自己的焦虑，让情绪更稳定呢？

（1）提高自我感知能力，发觉自己的情绪变化，及时纾解。很多不关注自己状态和情绪的人，并不知道自己在焦虑，只是觉得很烦，然后被搅得无法安心工作生活。作为家长，我们要关心自己的心情，及时地感知到自己的情绪并及时给予处理，让自己和孩子更少地受负面情绪的影响。

那么，如何有效纾解情绪呢？首先，家长可以给自己安排定期的休息时间，不必非等到疲惫不堪再去想办法纾解。在身体无法承受之前就给自己小小的放松，可以让我们以更好的状态面对孩子。如每周或者每两周能够有半天或者一天安排休息。其次，无论是爸爸还是妈妈，一定要保持自己的爱好。如果喜欢旅行，可以每年安排一到两次，提前协调安排好家里人的时间，保证出行的后顾无忧；如果喜欢和朋友闲谈、看电影之类，那么可以每周抽出一点时间，哪怕只有半天，都会对自己的情绪有一个良好的调节。

（2）与丈夫建立坚固的同盟关系，获得丈夫的支持，分担压力。孩子是夫妻二人爱的结晶，夫妻共同养育孩子是责任，也是幸福。作为丈夫，应该努力分担妻子的重担；作为妻子，也要学会向丈夫寻求支持和安慰，从实际和精神上求得丈夫的分担与支持，这对化解焦虑非常有效。

另外，建议爸爸妈妈不妨定期过过二人世界，像在恋爱中一样，一起散步、看电影、品尝美食。如果实在没有时间，也要保证每天睡前简短的交流和温暖的拥抱。良好的夫妻关系可以给对方力量去迎接日复一日平淡忙碌的生活，父母关系良好稳定就是孩子幸福的基石。

（3）理性地看待来自外界的压力，专注于自己的事情。**人的一生本就是克服困难，努力发展的过程，育儿也一样。**要以平和从容的态度面对育儿路上遇到的各种问题与压力。适当的焦虑可能产生解决问题的动力，但是焦虑本身不能解决问题，切勿让焦虑影响到眼前的工作与生活。专注于自己的生活，避免被焦虑过度消耗。

养育孩子是一段既辛苦又幸福的经历。我们无法决定未来，也无法预见未来。但是陪伴孩子成长的这段时间本就是人生的财富，不要被终将消失的焦虑占据身心，而错过与孩子为伴的珍贵时光。好好享受亲子之爱，享受这段最美的时光。

心理小课堂

做一个情绪稳定、不焦虑的家长不容易，但是很有必要。

3.用一颗等待的心来化解愤怒

有育儿经验的父母常有这样的体会：当孩子不在身边或者母慈子孝时，提到孩子，父母的内心一定充满了温柔的怜爱；看育儿书籍时会频频点头，内心清晰地知道孩子就是孩子，对待孩子要有耐心，知道养育孩子时包容及智慧的引导才是正途。在那一刻，父母坚定地觉得自己如此理解孩子，一定可以从容地应对孩子的各种情况。但是，当投身于真实的育儿生活中时，父母生气愤怒的情况根本无法避免，真的要做到从容面对是需要很多心理建设的，那么遇到让家长愤怒的情况该如何应对呢？

● 愤怒的发泄毫无裨益

人们常用"怒火"形容愤怒的情绪，足以见得愤怒是一种有破坏性的，可能波及无辜的情绪。如果任由怒火蔓延，毫无裨益。

（1）对孩子发泄怒火根本无法解决任何问题，反而很有可能适得其反。**在面对父母的愤怒时，孩子根本无法思考父母说的是什么事情，只能关注到父母的情绪。**越是小的孩子受情绪的感染越强，发泄怒火只能是让孩子惊恐害怕，对引起父母愤怒的问题起不到任何正向的解决作用。

（2）父母在愤怒情绪下的发泄，给孩子造成的影响不会简单地随事件的结束而清除。这种情绪的遗留和积压时间久了，次数多了会伤害孩子感情，破坏亲子关系，影响亲子之间的正向积极交流，为青春期及以后的亲子关系留下隐患。

（3）父母的愤怒，是一时无法控制情绪的爆发。理智的父母在事后会反思，也会后悔愧疚。如果控制不住怒火的情况反复出现，内疚会越来越深，父母无力的感觉也会越来越重，陷入恶性循环。

（4）一旦开始在孩子身上发泄怒火，父母可能会成为孩子的噩梦。因为孩子的弱小及无力支持，他们可能变成父母的"出气筒"。这对孩子而言就是一场灾难。

网上曾曝光了一段父母殴打亲生女儿的视频。摄像头是父母为了监督孩子在家学习而安的，却记录下了父母频繁殴打孩子的日常。视频中的父亲是一位外卖送货员，母亲也有工作。家中两个孩子，姐姐年纪不大，上幼儿园或小学，弟弟比姐姐稍小一些。视频中父母一言不合就对姐姐动手，写作业打，吃饭打，都是抡巴掌把孩子打翻在地。孩子显然早已经习惯了这种对待，被打翻后立马爬起来继续写作业或者吃饭，没有任何反抗。视频一出来，全国人民都感觉到了愤怒与可怕，对这对姐弟充满了同情。警察也介入调查。按老传统，别人家的孩子父母愿意怎么对待就怎么对待，打死自己的孩子也没人管。但是随着社会文明的进程，这样的父母不仅仅遭到舆论的批判，而且是违法的。

新闻中的父母就是把孩子当成了"出气筒"，相信他们并不是与孩子有仇，也并不是专门为了折磨孩子。扭曲的亲子观让他们不懂尊重孩子，觉得孩子是弱者，打打骂骂也不会怎么样。于是将自身的压力与愤懑毫不控制地一股脑儿全发泄在了孩子身上。我们庆幸他们的行为被及时发现，否则难保不会发生亲生父母虐待孩子致残、致死的惨剧。即便现在受到了法律的制止，对孩子精神上的伤害也已经造成，对孩子的负面影响将是终身的。

● 在感受到愤怒时，等待一下

很多父母因为常常控制不住脾气发火，事后又非常后悔、非常苦恼。他们要么尝试尽量不发火，但是很难做到；要么在发火后，向孩子道歉。但是一次两次可以得到孩子谅解，时间久了，一次次发火又道歉，别说孩子不再相信父母，连父母自己都觉得自己的道歉显得非常无力。家长要找的是一种可以操作的方法，减少怒火的爆发，尽量不在情绪失控时行动，等情绪平息后再处理问题。

笔者给所有父母的建议是：**在感受到愤怒时，等待一下。**

关注情绪的练习：首先，要成为一个对自己的情绪敏感的人。这种能力是要用心去训练培养的。**从现在开始就练习站在第三视角感受自己，提高情绪感知的敏感度。**可以在内心对自己说：我不开心了/他这样做我觉得很不受尊重/我可能快要生气了等；接下来，在感受到自己愤怒的情绪后，把注意力迅速转移到关注情绪而不是令你愤怒的事上，就是要让眼前的事先等一下，先去处理自己的情绪。给自己时间消化愤怒的情绪，也给孩子机会处理问题。

人的成长过程就是不断犯错改错，获得进步与成长的过程。即便成人也是在不断犯错的。我们不应该在上天赋予我们责任去照顾孩子时，利用这份信任去任意发泄自己的不良情绪。这不仅仅是对孩子的不公平与伤害，对爱孩子的父母来说也是一种自我伤害。

站在成人的角度，拿着成人的行为标杆去比量孩子，是不科学的、不公平的。孩子的成长，需要机会去实践，在实践中犯错，需要时间去认识与调整。

希望我们都是在愤怒时，可以等待一下的父母。给孩子的成长留下机会与空间，孩子会从这短暂的等待中获益，会感谢愿意等待的父母。父母自身也会从这短暂的等待中领会爱的真意。

心理小课堂

控制愤怒情绪是一种重要的技能素养。成为父母后，这种欠缺会成为我们当好父母的障碍，为了我们的孩子，父母要及时补上这一课。

🌿 4. 像对待客人一样对待孩子

人是一切社会关系的总和，无论在哪种文化中，父母与孩子的关系都是最深刻、最特殊的一种关系。血缘让这种关系具备了唯一性和不可割裂的特性。中国文化影响下的亲子关系又比其他文化影响下的亲子关系有了更复杂的纠缠。其中，最重要的一个特性就是：中国传统文化中的亲子关系是没有边界感的，特别是父母对子女。这基本是现代社会中所有亲子关系问题的根源。

● 没有边界感的爱，爱越深伤越痛

没有边界感的亲子相处模式，不仅仅让孩子感觉委屈难受，父母同样深受其害。有多少深爱孩子的父母，因为意识不到与孩子的相处模式是有问题的，付出很多却得不到感恩甚至招致孩子的漠视与反抗，父母也受到深深的伤害。在这种相处模式中，父母很累，孩子也很无奈，亲子之间的爱是无法流动起来的。最可能的结果是，爱越深伤越痛。这无疑是令人惋惜的。

小欧是名6岁的小男孩，被妈妈带到诊室看医生。妈妈看上去很能干，说话做事雷厉风行。这次就诊是应妈妈的要求，小欧妈妈主要担心的问题是小欧过分胆小，无主见。妈妈总觉得孩子在幼儿园是受欺负的，虽然小欧几乎没有攻击性但是却交不到什么朋友。

经过医生进一步的问询，我们了解到：小欧妈妈是一位初中老师，父亲是公务员。夫妻二人对孩子的养育都非常用心。相对来说，妈妈带孩子更多一些，从小有奶奶来帮带孩子，但是只要在家妈妈都是和孩子在一起的。夫妻二人对孩子的教育理念也比较一致，都认为孩子是要好好管教才能有出息。

可能也与妈妈的职业有关，妈妈从小对小欧要求很多，事无巨细，只要看到一定会指出，会给孩子讲很多道理，从大道理到小细节都不断地给孩子指正和命令。用妈妈的话说，希望孩子从小就是个做什么事都靠谱的孩子。小欧也的确被父母培养成了一个很懂事听话的孩子，就是感觉少了很多孩子的活力与快乐。

上幼儿园后，问题就来了。小欧在幼儿园总是受排挤，其他小朋友不爱同小欧一起玩，还时不时地抢小欧东西。小欧妈妈去过幼儿园很多次，亲自找那些小孩理论，甚至还与其他家长起过争执！小朋友因此更加不喜欢小欧，也慢慢疏远小欧，小欧因此性格就变得更加谨小慎微、内向压抑了。

听了妈妈的叙述，心理师给出了自己的判断和建议。很明显，小欧的妈妈管得太多，事无巨细，连小朋友吵架都要帮助孩子去吵，缺乏边界感，全心为孩子安排，却忘记了这应该是这个生命的主人——孩子本人去做的事。这必然导致孩子各方面能力的发展困难。那么，面对孩子，父母究竟应该如何把握"管"的尺度呢？我们的建议是：像对待客人一样对待孩子。

● 孩子本就是父母人生的客人

从孩子出生到成年，这个过程如此漫长，以至于我们都忘记了，终有一天孩子是会长大成人，离开父母去创造自己的人生。之后的相处通常是短时间的相聚。从这个角度来看，孩子本就是父母生命中的客人。**孩子不是父母的附属品，也不会永远待在父母身边**。父母不宜毫无边界感地对待孩子，要把人生还给孩子去掌控，教会孩子爱与被爱，建立良好的亲子关系。

● 像对待客人一样对待孩子

像对待客人一样对待孩子，究竟该怎么做呢？

（1）孩子是独立的人，有自己的想法和节奏。万事万物有其自身的特性和节奏，尊重自然才能达成和谐。与孩子相处同样如此，真正把孩子看成是有灵性的人，尊重孩子的天性，这是谈论所有育儿话题的基础。

（2）父母作为孩子的重要抚养人，**引导但不主导，辅助但不强制**。既然孩子是自己的主人，有自己的特性，孩子年幼时，父母该如何行使教养的职责呢？如上所述，虽然父母不应该代替孩子生活，决定孩子的人生，但是作为孩子的重要抚养人，我们是有很大空间影响到孩子的。这个空间就是父母要花心思的地方。谨记孩子是自己人生的舵手，父母则可能成为助手、灯塔，甚至是孩子启航时的第一艘船。

（3）即便是年幼的孩子，也要尊重。小孩子的世界是和现实有一定差距的，面对0～6岁的小孩子，很多时候我们无法满足他们的意愿，因为尊重并不是要完全满足孩子的意愿。如果父母有把孩子当成小客人的意识，总是会让孩子感到被尊重的。有这样的交流基础，父母会发现，小孩的世界与成人的世界并不是无法并行。我们会和孩子一起找到令双方都满意的问题解决方式。

（4）真心地夸奖孩子。试想，家中来了一个小客人，我们是不是会带着欣赏的目光，从孩子身上找到闪光点给予肯定。这些夸奖并不是虚假的，当我们心态变了，总是能找到孩子身上的优点。**世上没有一无是处的孩子，如果父母可以带着欣赏小客人的眼光看待自己的孩子，会发现原来自己的孩子真的很可爱。**不但自己心情好了，孩子也会因此获得肯定和自信。

心理小课堂

　　像对待客人一样对待孩子，并不是减少对孩子的一份责任与亲密，而是一种智慧的态度。这种态度对调整边界意识不强的父母的心态非常实用有效。

5.言行不一会失去孩子的信任

在成年人的世界，交朋友、做生意等关系的基础都是相互信任。没有信任，任何关系都让人感觉虚假没有根基，也无法长久。与孩子相处同样如此，孩子与父母之间的相互信任是感情深厚的基础，失去信任的亲子关系很难改善。

● 孩子对父母的信任是天然的

幸运的是，孩子从出生那刻起就对父母有着天然的信任。**孩子天然地对父母有着最深的信任和依恋。**不会根据父母的外貌、衣着、财富、健康与否、社会地位等改变，甚至父母对孩子陪伴缺失、没有耐心、脾气暴躁，孩子依然倾向于相信并跟随自己的父母。这是对父母的馈赠，这世上有人从出生起就无条件地爱你、信任你、依恋你；同时也是给父母的责任，为人父母要经常提醒自己不辜负孩子的信任与依恋。

一位妈妈回忆道：在我的孩子3岁多的时候，我们之间曾经与过一段对话，让我至今记忆犹新。

一个工作日的早晨，出门前，孩子自己穿好了外套过来找我帮她扣扣子。我蹲下身帮她扣，她看着我，说："妈妈，你会一直是我的宝贝吗？"

我愣了一下，马上回答："是的。妈妈会一直都是你的宝贝！"

孩子继续问："那我会一直是你的宝贝吗？"

我回答："是的，你也会一直是妈妈的宝贝！"

孩子说："那为什么我一直是你的宝贝啊？"

我不知道怎么回答，只说："就是这样的，妈妈会一直爱你，你一直是妈妈的宝贝！"

虽然没有解答孩子的问题，但孩子很明显已经很满足了，说："妈妈你老了也一直是我的宝贝！"

听得我心都要融化了。我根本想象不到这会是一个3岁多的孩子问出的话。

看上去很幼稚的孩子，其实对自己和妈妈之间的爱与信任是非常敏感非常在意的。成为父母后，虽然肩负养育孩子的重担，但是却经常会感叹孩子如天使般可爱，仿佛是上天给予我们的礼物。孩子对父母毫无保留的、纯粹的、热烈的、单纯的信任与爱，常常让父母热泪盈眶，这种时候我们会对自己说：一定要加油啊，不能辜负孩子对我们的信任啊！这种直入人心的感动与震撼只会发生在两个完全彻底信任对方的人身上，这种信任可以给亲子双方带来克服困难的勇气和力量，这种信任也正是生活的意义。

● 孩子对父母的信任是建立良好亲子关系的基础

失去了信任的亲子关系，就如无根之木，不会有延续下去的生命力，更不会开花结果。

儿童病区里有一个因重度抑郁住院的小姑娘，13岁，叫小湘。刚住院的小湘拒绝与他人的任何交流，几乎不下床，房间的窗帘一直拉着，医生查房时小湘也蒙着被子不动弹。

经过一段时间的治疗，情况好转，医生开始给小湘进行心理治疗。和之前一样，刚开始治疗时，小湘是不配合的。她在治疗过程中不愿说话。对于医生的问题都是以"我也不知道为什么""大家都对我挺好的""我没有什么困扰"来回答，但是却也没有提出放弃心理治疗的要求。医生从这点知道小湘虽然还没有建立起对医生的信任，但是她还是希望医生可以帮助她的。

在医生的耐心与陪伴下，小湘终于打开心扉。经过深度交谈我们了解到：小湘出生在一个和睦的家庭，爸爸妈妈因为工作比较忙，小湘从小受爷爷奶奶照顾比较多，三代同堂，几年前家中又有了弟弟。

小湘从小就是个优秀的女孩子，在学校也表现出众，是班里的班长。到了初中后，一些之前就有的感受开始变得越来越困扰。小湘认为自己的家人是言行不一，说一套做一套的人，这让她感觉非常痛苦，无法交流。

小湘举例，爸爸妈妈一直说我的成绩不重要，但是每次我考试回来，在知道我的成绩后，一定会问班里第一名是谁，多少分？爷爷奶奶一直说我和弟弟都一样，但是总是偏袒弟弟。我反抗还说我是"找事精"，不懂事。我问他们的时候，他们又会说那些听上去正确的观念，但是明显地说一套做一套。类似这样的事情很多，久而久之，小湘就对家人失去了信任，情绪越来越抑郁。

从上面案例可以看出，孩子对父母的信任是多么重要。失去对父母的信任，孩子会陷入绝望的深渊，这也是所有父母不愿见到的。虽然案例中的孩子已经进入了青春期，但是引起抑郁的根源却是从小到大积累起来的。所以，父母面对年幼的孩子时也要做到言行一致，否则容易失去孩子的信任与尊敬。

● 孩子越小，越要言行一致，维护孩子的信任

很多父母总觉得孩子还小，什么都不懂，为了避免麻烦会采取哄骗的方式对待孩子。父母说的每句话孩子都是相信的，当孩子怀着满心的期待与信任却被现实证明全是假的时候，幼小的心灵容易受伤害。久而久之，为了不再受伤害，会选择不再相信父母。**如果连父母都不可信，孩子去相信其他人就更加困难。**身处一个无人可信任的世界中，孩子的内心一定是敏感孤独的，如何幸福生活呢？

父母维护好孩子对自己的信任，孩子对父母的信任会慢慢地发展出对其他人的信任，直至对世界的信任。越是面对小的孩子，越要言行一致。

心理小课堂

健康稳定的人格是包含安全感和信任感的。拥有对这个世界的信任感可以让人在面对困难时更加乐观，更加容易找到解决问题的方法，而对父母的信任是发展出对世界的信任的基础。

6.用温和的态度对待孩子

温和的态度传递的信息是友好、包容、喜爱、欣赏、支持、信任与期待，在不同的情境下有不同的解释。当孩子犯错时，父母用温和的态度指出孩子的错误，并告诉孩子应该如何改正。孩子感受到的除了对错误的提醒与警告，也包含了父母的信任和善意的期望，而不会是指责与打击。

从心理学上讲，人更倾向于向信任自己的人期待的方向发展。相反，遭受对方严厉的指责与打击的人更倾向于对抗。所以，温和地对待孩子不仅适用于孩子表现良好时，在孩子犯错时，温和的态度比严厉的指责在纠正孩子错误方面更加有效。

● 对孩子"好好说话"

有人说好的夫妻关系就是可以一辈子好好说话。这句话放在亲子关系中同样适用。好的亲子关系就是父母与子女之间可以好好说话。看似简单的话语其实包含了深意：可以好好说话，说明双方的情绪都还不错，事态尽在掌握；或者虽然发生了不好的事情，但是大家都有良好的情绪控制能力，可以保持不急不躁的态度。它传递出的是一种对孩子的爱与温柔，一种面对矛盾或困难仍然保持镇定，仍然尊重孩子的素养。有这样的父母，孩子总是可以感觉到爱与尊重的，孩子从中学会了尊重父母，亲子关系自然是良性的。

● 温和面对孩子的哭闹

温和的态度不仅适用于父母日常和孩子交流，在面对孩子的无理取闹或者一时无法安抚的情绪波动时，父母温和的态度也非常有效。面对孩子的无理需求或者父母满足不了的需求，父母愤怒、吼骂只是为了发泄，除了让事情变得更加糟糕以外没有任何作用。这个时候，父母不宜和孩子针锋相对，而是要温和坚定地坚持正确的做法。这样既不会让情况转变成有破坏力的情绪发泄，又让孩子感受到哭闹也无法改变父母的决定，慢慢地孩子也会放弃无理取闹，安静下来。**错误的示范是：孩子无理取闹，父母责骂一番，最后还是生气地妥协了。**这样做不但没有起到规范孩子行为的作用，还让孩子学到只要自己哭闹父母就会妥协。

这天是小帅的生日，小帅妈妈和爸爸带孩子到玩具店挑选生日礼物。玩具店里的玩具琳琅满目，小帅进去真是什么都喜欢，什么都想要。可是，小帅喜欢的玩具太多了，在爸爸妈妈给他买了两个后，还想要，父母不同意，于是小帅就躺在地上大哭大闹。爸爸妈妈很生气，很严厉地告诉小帅不可以，可是没有什么效果。爸爸急了，拎着小帅就往门口走，小帅哭得更凶了，嘴里喊着："你们不给我买，我就不走！"爸爸急了，用脚踢孩子，小帅妈妈拦着不让。经过一番大闹，父母还是妥协了，给孩子买了玩具。

妈妈边付钱，边生气地数落小帅："你这个孩子，每次都在这样，每次逛玩具店都得让你爸揍你，以后再也不带你来了。"

爸爸则一脸愠怒地瞪着小帅，小帅就当看不到。尽管脸上还挂着泪痕，但怀里的玩具让他露出了满足的笑容。

在这件事中，小帅父母有3处不妥：①没有提前给小帅定好规矩，小帅不知道事情的边界在哪里，只知道"我想要"；②面对孩子的无理取闹，父母对孩子态度粗暴，没有告诉孩子为什么这样做是不对的，而是又打又骂，激起了孩子更强烈的反抗，没有让孩子知道错在哪。长期如此，孩子也会成为低自尊的孩子；③经过一番打骂，小帅的父母还是妥协了。父母行为的本身就充满矛盾，孩子自然会学到只要哭闹，父母的原则是可以打破的。

正确的方式是：在孩子哭闹时，用温和的态度让孩子安静下来，但是要坚持正确的决定，让孩子知道哭闹并不能打破原则。孩子不会因为责骂感到恐惧及愤怒。

● 父母态度温和，孩子自信自爱

父母长期对孩子"温柔以待"，将对孩子起到意想不到的正面作用。从小对孩子态度温和的父母教出的孩子都是自信、自尊、自爱，可以从容应对挫折的人。这样的孩子不会习惯性用激烈的负面情绪面对困难，不易冲动、崩溃。即便没有取得卓越的成就，也会成为一个温和有韧性，从容淡定的人。相信在大部分父母眼中，这已经是一种成功的教育。

心理小课堂

很多父母认为是孩子的不当行为导致他们发怒的，但是究竟是孩子的不良行为在先，还是父母的不良态度与行为在先，可能需要父母换个角度重新思考。

7.与0～6岁孩子交流的方法

0～6岁孩子的世界无疑与成人的世界有很大不同。尽管每一个人都曾经历过0～6岁这个阶段，但也许是时间太过久远，这个阶段孩子的世界我们早已不再熟悉，想要和孩子们更好地沟通交流是需要重新熟悉，重新学习的。如何与0～6岁的孩子进行语言交流，要和0～6岁孩子的心理特征及这个阶段主要培养的品质相结合。

● 0～6岁孩子的心理特征

0～6岁的孩子有哪些主要的心理特征呢？

（1）简单。0～6岁这个阶段的孩子在大人的眼里基本属于"什么也不懂"的年纪。其实是因为这个年龄段的孩子认知方式还是简单的搜集式。**他们的逻辑思维能力有限，获取知识是碎片式，缺乏系统性的**。所以成人会认为很多复杂的东西孩子理解不了，处于无知的状态。然而，尽管幼时的孩子相对来说简单，但他们有深刻理解事物的能力，只是可能当时无法用语言表达，或者说需要时间。

（2）情绪敏感。0～6岁的孩子有非常敏感丰富的情绪感知能力。这个阶段也许是人一生知识最贫乏的阶段，特别是大量需要后天习得的知识。但是，与之相反的是这个阶段的孩子却是情绪最敏感、感情最丰沛的时刻。他们会因为妈妈一个责怪的眼神，伤心大哭；会为妈妈一声轻轻的叹息而紧紧拥抱妈妈；会为妈妈一个温柔的抚摸而开心雀跃好久。这都来自孩子强大的情绪感知能力。

（3）直接。0～6岁的孩子天真无邪，眼中的世界也是简单真诚的。因此他们对这个世界是充满信任的，对自己的父母更是无条件地信任。他们与人的交流简单直接，也喜欢他人与其简单直接地相处。

（4）易受影响。前面提到0～6岁的孩子还处于大量搜集信息学习的阶段，因此还没有形成自己的牢固的知识体系、价值体系。在面对他人的引导与干涉时，很难坚持己见，很容易受到他人及外界信息的干扰。这个阶段孩子进步空间巨大，同时也容易受不良环境影响。

（5）影响深远。成年后，我们会发现，0～6岁这个阶段的记忆成年后存留下来的非常少了。但千万不要就此认为0～6岁在人生中是可以忽略的。脑中的记忆虽然不清晰，但是0～6岁的感受及情绪存留却比之后任何阶段对人一生的影响都大。0～6岁经历的严重不良心理体验可能贯穿一生，即便之后环境改善也无法完全清除这种负面影响。这就是0～6岁有过创伤体验的孩子，成年后容易患上各种精神疾病的原因。

● 0～6岁主要培养的优秀品质

根据0～6岁孩子的主要性格特征和儿童心理发展规律，在这个阶段，父母主要培养孩子的品质主要包括以下4个方面。

（1）安全感。一个人的安全感是最基本的生存需要。人类生存最基本的温饱、无危险的环境就是对安全感的满足。

（2）自信。自信就是对自我的认可。没有对自我的认可，就是没有根基的生命，更谈不上会有美好的将来。这种自我认可的意识在年幼时是通过他人和环境对人的认可逐步内化的。因此父母的认可对孩子自信的建立至关重要。

（3）信任他人。在自信的同时，0～6岁也是建立信任感的关键时期。没有建立起对他人、对社会的信任，人会一直处于焦虑不安的状态中。对环境和他人的信任和自信是相辅相成的。父母的稳定可信及给孩子营造的安全环境非常重要。

（4）乐观。在教育孩子的过程中，父母会想办法教给孩子很多生存技能及社交能力，为的是孩子将来可以有能力在社会中生存，并且生活得好。其实，在教授这些之前，让孩子具备坚实的心理能量更为重要、更为基础。我们无法为孩子阻挡一切风雨与困难，但是如果孩子拥有乐观的心态，当遭遇困难时更坚韧、勇敢，更容易走出困境。

● 与0～6岁孩子交流的方法

那么，与0～6岁的孩子交流究竟有哪些方面要注意呢？

（1）语速慢。父母与孩子说话要用比较慢的语速，一个字一个字说清楚。这可以让正处于语言学习期的孩子听得清楚，有时间理解我们的话，利于语言的学习，更重要的是可以给孩子传递出稳定、不焦虑的情绪，让孩子安全、安心。

（2）音调温柔。如果父母为了在孩子面前树立威信，说话用命令式的，虽然威严但是缺少温度。其实拉近与孩子的距离更有利于建立良好的亲子关系。温柔的语调会让孩子觉得放松，易亲近。养成说话温柔的习惯不仅仅是孩子喜欢，在任何时候都是让人愉悦的。

（3）多肯定孩子。很多父母觉得教育孩子就是要指正，时刻指正孩子的错误与不足，但事实上教育孩子更重要的是榜样的力量。父母良好的习惯与素养能够带给孩子好的引导。语言的指教应找合适的时机，抓大放小。平时多肯定孩子做得好的地方，不但给孩子自信，也会促使孩子做得更好。

（4）少说否定词，多说引导词。父母在指正孩子时，尽量从正面角度告诉孩子正确的方法，少用"不要"等否定方式。一方面用正向引导方式可以让孩子掌握正确的解决方法，另一方面孩子也不会有很强的挫败感，不会因为负面情绪的产生影响问题本身的解决。

（5）不较真，多等待。对于孩子一时不能接受的指正，父母可以多给孩子些时间，不必逼迫孩子。小孩子也是有自尊心的，他们会感谢父母的等待。父母要做的是不含糊、不妥协，但是也不较真，给孩子时间是会有回报的。

（6）矛盾突出时可转换角度，不针锋相对。在孩子情绪激动时，不宜和孩子针锋相对。特别是孩子在公共场合哭闹时，放任不管让孩子哭闹是不理性的，对孩子责骂甚至动手也是不对的。这个时候父母最好找些孩子感兴趣或者在意的东西，转移一下孩子的注意力。或者只是抱抱孩子说"妈妈知道了"，安慰一下孩子，孩子多半可以平静下来。

如何与孩子更好地交流，尽管专家有很多经验可以告诉父母，但是，最了解孩子的永远是父母。只要多陪伴、肯用心，父母就可以找到适合的方式与孩子交流。

心理小课堂

在与0～6岁孩子交流的过程中，这些"魔力词语"可以推荐给父母：我的宝贝/我的...（孩子昵称）、请、可以吗、好不好、宝贝觉得呢、谢谢宝贝、哇，真的好棒/好厉害、爸爸/妈妈好开心等。

8. "万能"的亲子游戏

作为孩子，热爱游戏是天性。在孩子年幼时，拥有可以与其一起游戏的父母是孩子的幸运。这样的家庭更加容易收获良好的亲子关系，孩子各方面的能力也能在游戏中得到提升。

● 亲子游戏是父母与孩子建立良好沟通的纽带

亲子游戏是父母与孩子建立良好沟通的纽带。在亲子游戏中，父母与孩子之间有了微妙又紧密的联结。父母与孩子之间的爱流动起来，孩子感受到了父母的爱，而父母也切实地体会到了孩子的感受。有了这样的体验，父母会更尊重孩子的感受，而孩子也会更加理解父母的用心。

● 亲子游戏是缓和亲子矛盾的良方

亲子游戏是缓和亲子矛盾的良方。当父母与孩子出现矛盾时，很多时候无法做到就事论事，更多的是陷入负面情绪、互相对峙。这个时候父母强力压制或者放纵妥协都不是明智之举。亲子游戏在这个时候就可以起到化解尴尬，营造良好氛围的作用。让父母和孩子从负面情绪中走出来，以"有爱"的状态更好地解决问题。

● 亲子游戏可以化解育儿焦虑

亲子游戏可以化解育儿焦虑。尽管父母花了很多精力在学习如何与孩子相处，如何教育孩子等育儿问题上，但是总是会在事后某个时刻发现自己曾经做得不够好，曾经犯了一些错误。这一方面说明我们作为父母一直在调整与进步，另一方面也很容易引起焦虑：曾经犯过的错会不会给孩子带来不可估量的伤害？孩子会不会就此留下了心理阴影？

育儿工作没有完美，包括育儿专家。父母随时可能陷入焦虑的情绪，为曾经的错误，为不可改变的外界压力，为眼前孩子的不随心意而焦虑烦躁。亲子游戏的存在可以让父母用心感受到生命的热情，孩子成长的乐趣和孩子的活力。父母会在这个过程中，神奇地体验到焦虑的散去。当我们感受到生命的活力与孩子的快乐时，就能拨开表面的焦虑而发现孩子带给我们的爱与感动，体会到生命的真谛。

● 亲子游戏帮助孩子获得多重能力

父母与孩子间的游戏不仅可以很好地加深亲子间的交流与互动，还能帮助孩子发展出多重能力。

（1）人际交往能力在游戏中得到提升。在孩子成长到能与其他小朋友一起做游戏之前，亲子游戏就是最好的人际交往"训练"课程。孩子可以通过与父母的游戏互动，学习到基本的人际交往规则，如，玩具交换、按顺序玩、与人接触的安全界限等。好的亲子游戏可以教会孩子如何表达自己，如何化解双方矛盾，也因此避免孩子陷入没有朋友的孤独中。

（2）父母可以通过设计巧妙的游戏，帮助孩子建立自信心。人人都知道自信心对人的重要性，面对很多问题，人们会评价自己或别人自信心不足。我们的文化与传统又很容易养育出自信心不足的孩子，那么如何培养孩子的自信心成了当下父母最关心的问题之一。很明显，直白地对孩子说："你要有自信呀！"这类说教很难起到什么作用，而不着痕迹的小游戏却可能无形中完成这个大任务。

如，小朋友学习穿鞋子的阶段，有时候会因为惧怕失败而说："我不会穿，妈妈帮我穿吧。"其实他已经可以自己穿了，只是没有自信。这个时候，妈妈可以说："可以呀，但是妈妈这双鞋也特别不好穿，宝宝要等妈妈一会儿呢。要不咱们俩一起穿吧，看看谁先把自己难穿的鞋穿上。"往往孩子会愿意加入这样的比赛游戏中，妈妈故意慢一些让孩子先穿好，孩子就会通过这次成功的经验中获得自信。

（3）孩子可以从游戏中提升自己的抗挫折能力。任何人的童年都不可能事事顺心，都会经历一些伤心、委屈。如何才能更快地从沮丧、孤独、委屈、恐惧等负面情绪中恢复起来呢？抗挫折能力就起到关键作用。游戏可以帮助孩子锻炼他们的抗挫折能力，帮助孩子化解内心的负面情绪。

几乎所有孩子都害怕打针，对打针的恐惧感及被父母强迫打针产生的愤怒与委屈无疑会对孩子的心理造成一定的阴影。而很多孩子在玩游戏时，会扮演护士或医生给别人打针。这不仅仅是简单的模仿，也是通过游戏，通过角色对调来实现平复自己由打针引起的恐惧与不安。如果父母此时配合孩子的游戏，成为那个害怕打针的人，孩子可能会很开心，之前的恐惧与不安情绪也可以得到缓解。类似的亲子游戏的过程就是孩子提升自己抗挫折能力的过程。

心理小课堂

擅长与孩子做游戏的家长会获得更好的亲子关系。当亲子关系发生矛盾，游戏也有四两拨千斤的化解作用。值得注意的是，如果发现孩子无法进行游戏，可能代表孩子有身体或者心理疾病，父母要高度重视。

第六章

关注孩子学习的同时，
更应关注综合能力的发展

1. 从小有意识地培养孩子的学习能力

养育孩子的过程中，除了保证孩子的健康平安外，父母最关注的可能就是孩子的学习了。现代社会是知识资讯爆炸的社会，知识发展迭代飞速，这股知识的浪潮推着人们不断地前进。终生学习已经越来越成为一种趋势，无论是孩子还是老人。可以明确的是，当今的孩子要拥有强大的学习能力才可能跟得上时代的步伐。

● 学习成绩不等于学习能力

首先，在学校里的学习成绩是孩子阶段性学习的成果展示，它可以一定程度上反映孩子在某个阶段的学习收获。这其中包括了对孩子的学习态度、学习效率、考场发挥等方面的考量。无论哪个方面出现了问题，都可能影响成绩。学习成绩如果不好，与孩子自身有很大关系，但是学习成绩好也未必代表学习能力强。特别是低年级的孩子，受到年龄发展特点的影响，父母不宜刻意强调成绩，而是要了解孩子的学习状况。在一定范围内的成绩波动都是正常的，不必过分强调分数。了解孩子学习状况，培养孩子学习能力才是父母应该关注的。

诊室里曾经来过一家人，孩子8岁，叫塔塔。塔塔在父母的陪伴下来医院就诊。

塔塔是家中的独子，从出生开始全家人都非常用心地养育，不论是饮食、作息时间还是兴趣培养都非常认真。为了给孩子最好的，父母经常买书学习；每周提前安排好孩子营养丰富的菜谱；常年坚持晚上八点半让孩子上床睡觉；带孩子上早教和兴趣班从来不迟到缺课。父母为孩子付出了很多，孩子确实成长得很好，各方面表现也很出众。直到塔塔进入了小学，塔塔的成绩在班上也是名列前茅的，但是也并不是门门功课拿满分。

父母在拿到孩子成绩后，每次都会关注孩子的分数，总是会说："这个题塔塔应该会做啊，怎么会做错呢。你看这分丢得多可惜，下次一定要注意，不要再丢分了。"下次考试，即使塔塔进步了，成绩提高了，父母也并不关注塔塔的进步，仍然是关注丢分的题，告诉塔塔以后一定要注意不要丢分。慢慢地，几次考试过去，父母发现，塔塔开始无法完成试卷，问他为什么，塔塔回答是在反复检查已经做完的题，浪费了大量的时间。与此同时，父母还发现，塔塔开始出现反复做同一件事，反复确认等强迫症状。塔塔花在一件事情上的时间越来越多，经常因此迟到，严重影响了全家人的正常生活。情况越来越严重，父母终于决定带着孩子来看医生。

经过医生的问诊与心理测试，诊断塔塔已经有了强迫症的症状，这和塔塔从小受到的养育方式有很大的关系。塔塔的父母养育方式教条刻板，导致孩子成病的直接原因是过分强调孩子的成绩。如果孩子的知识点已经掌握，只是在有限时间内发生了失误，这种个别的失误是非常正常的。要求人做到零失误本身就是反科学的，即便是成人都无法做到。给孩子设定尽量不犯错的目标是不合理的。孩子为了达成父母的要求，就会反复地检查确认。这种反复发展成病态并且泛化，就有可能出现强迫症状。

● 什么是学习能力

学习能力是指人们以高效的方式认识、吸收、掌握新知识并转化为自身能力的能力。学习能力是所有能力的基础，一般包括：专注力、学习成就感、自信心、思维灵活度、独立性和反思力。可以看到学习能力一定是在自主学习的过程中发展出来的，这个过程会让人自我满足，可以增强孩子的自信心。**如果孩子被强迫要刻意符合外界的条框，这样很难提升学习能力。**

● 如何培养孩子的学习能力

（1）兴趣主导。在培养学习能力的过程中，首先要培养孩子的专注力。

而孩子专注的前提一定是兴趣，只有孩子自己感兴趣才可能保持一定的专注力。

（2）父母少干扰。培养孩子的专注力，父母要注意尽量少打扰孩子。很多父母看到孩子专注于某件事会很欣慰，就想去表达一下关心，让孩子喝杯水啊，吃点水果啊，这反而是在破坏孩子的专注力；还有些父母会在孩子专注做事的过程中，忍不住指正孩子，同样是在干扰孩子。建议父母在开始时一次性说清楚规则，并且事后总结。

（3）习惯养成。任何能力的形成都需要时间的浸润。坚持是一种难能可贵的品质。在培养孩子的过程中，父母的坚持显得尤为重要。不仅仅是帮助孩子保证学习的时间与质量，还在以身作则给孩子树立坚持的榜样。

（4）成果激励。学习的过程可能是枯燥的，为了激励孩子坚持下去，阶段性的成果展示与激励可以让孩子的学习动力更强大。父母可以通过让孩子参加一些小的竞赛或者给孩子一些阶段性成果的奖励来增加孩子的成就感。

（5）重视过程，淡化结果。**孩子的培养是一个长期的过程。父母要时刻提醒自己教育的本质是保持孩子对新鲜事物的好奇心与主动学习的能力，不必过分关注短暂的成绩。**智慧的父母，总是更加看重学习的过程，而不是执着于结果。

心理小课堂

　　"泛化"在心理学中指的是某种针对特定刺激的特定反应，开始在不同的、多种刺激后出现，已经不是针对某种特殊刺激的特殊反应。如本文案例中提到的强迫症状，从开始反复检查试卷，演变到生活中的方方面面，就是泛化。

2.为什么孩子总记不住

孩子的记忆力比成人好很多，这几乎是所有人的共识。在0～6岁孩子学习启蒙的阶段，父母多是通过反复地输入来达成效果的。因为尽管孩子的理解能力有限，但是相应的记忆能力却非常好。但是，**如果父母认为孩子记忆力好就应该顺利完成过量记忆工作，也是会造成问题的。**

诊室里来过一对母子，妈妈与孩子都穿着干净清爽，看上去是很有教养的家庭。小男孩6岁，叫小天，小脸上挂着天真的笑容，看上去性格开朗。妈妈很文雅，气质面貌出众。

从妈妈的讲述中我们得知：小天出生在一个高知家庭，爸爸妈妈都很看重孩子的教育。从出生开始就精心地养育，妈妈为了亲自带孩子还辞去了工作。小时候小天过得不错，生活很规律，妈妈也安排得很丰富，早教、旅游、与小朋友一起玩都进行得很好。小天的性格阳光温暖，因为很为别人着想，身边的小朋友和家长都特别喜欢小天。

妈妈重视教育，各方面学习也开始得比较早，小天表现得都很优秀。爸爸和妈妈很欣慰，觉得自己的教育理念很科学，自己的辛苦也有回报。但是，最近幼儿园开始教孩子学古诗了，小天家受到了不小的冲击。因为小天比别的小朋友记古诗更困难。一开始妈妈还耐着性子反复让孩子听，妈妈本认为孩子记忆力是很好的，即便不理解意思多听几遍也应该记住了。可是在她给小天讲了古诗意思后，孩子反而更加记不住了。看到其他小朋友记得那么快，妈妈问其他孩子是不是以前接触过，答案是否定的，其他小朋友也是第一次接触。小天家因为背古诗的事情每天晚上得折腾2个小时，妈妈觉得只要反复一定可以，就逼着孩子不停地背，背不好就不让睡觉。但是小天越背越记不住，妈妈要崩溃了，责骂甚至动手，孩子吓哭了，更加记不住。这样反复了几天，全家人都受不了了。于是他们带孩子来医院检查，想看看是不是小天的智商或者记忆力有什么问题。这让小天爸爸妈妈很挫败，因为他们无法相信高学历的他们所生的孩子会智商不如人。

听到这里，医生已经明白了，我们建议小天妈妈以后不必一次就逼孩子背熟练。该听听，该讲讲，听十几次，试着背几次差不多就可以。到第二天早上再让孩子背背试试。第二周，这对母子又来了，小天妈很开心，也有点不好意思，说按医生的方法，果然孩子第二天总是能背得不错。

孩子的记忆是有一定的滞后性的，特别是当时花了很大精力却记得并不顺利的内容，在晚上睡一觉后，孩子反而可以记得很清楚。这是因为，临时记忆转换成长期记忆，是要在人的深度睡眠过程中完成的。这就解释了小天身上的情况。所以，当孩子记不住的时候，家长不用太着急。

● 影响孩子记忆力的因素

影响孩子记忆力的因素主要包括以下6点。

（1）睡眠问题。如果孩子睡眠不足，睡眠质量差，会导致记忆力下降。

（2）压力问题。父母或者学校给孩子施加的压力超出孩子的承受范围，也会导致孩子记忆力下降。

（3）情绪问题。处于恐惧、沮丧、愤怒、焦虑等负面情绪时，孩子的记忆力也会受到影响。

（4）用脑过度。如果孩子学习的时间超过了他能承受的范围，引起用脑过度，会造成记忆力下降。

（5）专注度不足。没有专注在所记忆的事件上，记忆的效果一定是大打折扣的。

（6）疾病。有些疾病可能影响孩子的记忆力。

● 遗忘的规律

德国心理学家艾宾浩斯提出了著名的"遗忘曲线"（也叫"艾宾浩斯曲

线"）。它揭示了人类遗忘的规律：大脑中，遗忘是与信息的输入同步发生的，遗忘率随时间先快后慢地降低。即刚刚识记的信息，在短时间内遗忘是最快的。新信息如果不抓紧复习，可以在一天内遗忘三分之二。随着时间的推移，遗忘的速度减慢，遗忘的数量也就减少了。

了解了人类的遗忘规律后，家长就可以利用它帮助制定孩子的学习计划。即，学习新知识后，尽量在一个小时内就进行复习，最好在一天左右时再回想一下，三天后再巩固一次。看起来次数很多，但是越早进行复习，花费的复习总时间越少，最后的复习往往几分钟就可以完成。这可以大大提高孩子的记忆率，提高学习效率。

心理小课堂

记忆与遗忘是一个事物的两个方面，掌握其规律就能更加科学有效地帮助孩子学习新知识。

3.孩子害怕上学怎么办

诊室里经常可以看到焦虑的父母带着孩子就诊，问题是孩子害怕上学、拒绝上学。这些孩子一进入学校就出现头痛、心跳加速、出冷汗、腹痛等躯体不适症状。一旦父母同意他们可以不上学或者离开学校，不适症状就会缓解或者消失。那么，面对害怕上学的孩子，家长应该如何做呢？

● 用爱心耐心慢慢弥补

每周固定时间，诊室里都会迎来一个小男孩，7岁，我们叫他小彻。清秀的面庞，消瘦的身形，不爱说话，总是由爸爸妈妈陪着就诊。小彻很少与医生及父母以外的人交流，甚至无法眼神交流，也很少回答问题。不是双眼看着窗外放空就是低头玩弄玩具。但是孩子却非常依赖父母，也很信任父母，望向父母的眼神满是依恋。小彻的爸爸妈妈看上去也是很温和的人，两人都是高知，说话声音轻柔，语速缓慢，望向小彻时的眼神虽有忧虑但是也有无限温柔。夫妻二人的关系看上去也很和谐，有什么问题第一时间就会眼神对视交流，很看重对方的意见。

按说，这样的父母应该会养育出健康快乐的孩子。可是在养育孩子的过程中由于没有意识到陪伴孩子的重要性，还是出现了问题。小彻的妈妈在小彻不到1岁时，由于工作原因出国学习1年没有陪在孩子身边。回国后，一切仿佛没有什么改变，但是孩子开始上学时却出现了问题。小彻上学有困难，不与老师和小朋友交流，上课不认真听讲。后来发展到一到学校就头痛，不愿意上学，经医生诊断是学校恐怖症。经过交流，医生认为，这些应该与孩子1岁左右时，妈妈那一年的离开有很大关系。孩子在那么小的年纪，离开了妈妈，严重地损害了孩子的安全感和信任感，导致孩子无法顺利适应学校生活，总想待在家中。简单地说就是孩子在妈妈身边没有待够。面对这种情况，医生也没有简单快速的方法可以解决问题，只能是建议父母用耐心和爱心慢慢弥补，效果如何也无法保证。

很多父母听到这样的答案会很灰心，想到无法保证的效果，就没有动力坚持陪伴。但是小彻的父母却抓住了这飘忽不定的一点希望，他们很认真地讨论和安排了这件事，也查阅了很多资料。最后决定妈妈向单位请长假，专职在家中陪小彻。

他们没有像大部分父母一样陷入焦虑，千方百计、软硬兼施将孩子逼回学校，使孩子的情况越来越糟糕。而是尊重孩子的感受和节奏，全心全意地陪伴。他们坚持每周复诊，听取医生的建议随时调整方案；在获得孩子的认可后，他们向学校提出由妈妈陪读的申请。哪怕开始时，小彻只能上一节课，妈妈也鼓励小彻坚持上学。

除此外，他们还为孩子安排了各种有益于治疗的活动。他们一起读书、一起游戏、一起看动画片、一起做美食……满足小彻想和妈妈在一起的心愿。渐渐地，小彻脸上的笑容多了起来。他开始愿意和医生进行简单的交流，甚至在离开诊室时会主动和我们说再见。半年后，小彻主动要求独立去上学，入学后也很快地适应了学校生活，全家的生活慢慢步入正轨。

事实上，害怕上学的孩子很多，但是大多数父母都选择软磨硬泡、威逼利诱将孩子再塞回到学校。他们无法承受孩子不上学所带来的焦虑，也无法正视孩子的痛苦，不能从根源解决问题。最后的结果往往是孩子勉强上学，兴趣全无，成绩差，心理状态每况愈下。倒是像小彻父母这样愿意重新开始，用爱心耐心慢慢弥补的家长，反而更有机会收获"惊喜"。所以，**当孩子害怕上学的时候，家长最初要做的是降低对孩子的要求**。如允许孩子每天上半天，对孩子的学习成绩不做要求等，随着情况的好转，再慢慢向正常要求靠拢。

● "害怕上学"与"分离焦虑"的区别

值得注意的是，孩子在3岁上幼儿园时，因为不愿与父母分离会有一段时间的不适应，人们称之为分离焦虑。几乎每个孩子都会经历入园时的分离焦虑，大部分孩子会随着对幼儿园环境的熟悉而转好。我们在后面会专写一节讨论"分离焦虑"。分离焦虑与"害怕上学"不同，孩子害怕上学可能会由分离焦虑引起，但是并不是所有害怕上学的孩子都有分离焦虑。除分离焦虑外的其他不良心理因素也可能引起孩子害怕上学的情况。比如：① 适应学校生活有困难。可能包括与同学关系不和睦、师生关系紧张、学习本身有困难等。② 因病获益。有些孩子可以从"害怕上学"上获得好处，如某个心爱但一直没有到手的玩具等。具体情况要具体分析，以上只是列举了几个比较常见的理由，仅供参考。家长可以咨询专业人士，帮助孩子找到害怕上学的真正原因。有针对性地解决问题，从根本上帮助孩子解决困扰。

心理小课堂

学校恐怖症多在性格敏感、忧郁的孩子身上发生。对于这样的孩子，父母要注意不宜施加过大的压力。

4.抓住孩子的敏感期，储备孩子的潜能

相信现在大部分父母都听说过"儿童成长的敏感期"，长居早教类图书排行榜畅销榜单的就有相关主题的书籍。"敏感期"这个概念最早是由儿童早期教育家蒙特梭利提出的，它是指在儿童心理发展过程中的某个时期，相对于其他时期，孩子更愿意、更容易学习某种知识和行为，在这个阶段孩子心理的某个方面发展最为迅速。

0～6岁是儿童身体和心理快速发展的阶段。出于生命内部发展的需求，孩子会在这几年对很多特定领域产生浓厚兴趣。养育者要了解并抓住这些关键时间段，帮助孩子更好地满足内在成长需求。顺利通过这些敏感期的孩子，相关能力会产生质的提升。

● 内容涵盖全面的敏感期

就现阶段的研究结果来说，0～6岁的敏感期包括了很多方面。

（1）0～2岁半。视觉敏感期、听觉敏感期、口腔敏感期（孩子喜欢"吃手"，喜欢用嘴来体验世界）、手的敏感期、行走的敏感期、语言的敏感期（开口说话）。

（2）2岁半～3岁。自我意识产生的敏感期（总是说"不"、有了物权意识）、空间敏感期（对空间的探索欲望强烈）、秩序敏感期（固执地要求按自己的秩序来安排事情）、关注细小事物的敏感期、模仿敏感期（此阶段养育者和养育环境非常重要）。

（3）3～4岁。执拗的敏感期（与父母作对）、审美和完美的敏感期（小的缺陷也可能造成痛苦）、色彩敏感期、人际关系敏感期。

（4）4～5岁。婚姻敏感期（关注父母的婚姻关系）、性别和出生敏感期、身份确认敏感期（开始有偶像）、绘画和音乐敏感期。

（5）5～6岁。社会规范敏感期、书写阅读敏感期、数学敏感期、自然敏感期（对大自然产生了浓厚的兴趣）。

可以看到，0～6岁这个年龄段，孩子的心理敏感期关注点涵盖全面。上面所列的五大类基本囊括了成长为一个成熟的人所要具备的所有能力。如果可以把握好这些敏感期并顺利度过，到6岁左右时，孩子应该处于一个各方面准备充分，具备独立潜能的状态。顺利地度过6岁前的各种敏感期，为孩子将来的健康成长打下坚实的基础。

● 不可错过的敏感期

很多父母认为6岁前的孩子还那么小，这么多的敏感期，内容涉及如此广泛，孩子和家长怎么可能完全兼顾。认为就算敏感期没有顺利地度过，长大一些也可以再弥补。事实上，敏感期虽然内容涉及广泛但是并不会发展到一个很高的水平，都是基础性的能力储备。这些敏感期都是孩子成长过程中自然要经历的一个时期，不受外界压力产生，所以不存在无法兼顾之说，倒是父母的认识不到位可能阻碍孩子敏感期的顺利度过。

任何事情都有其自然规律，是不以人的意志为转移的。就如自然界中太阳每天东升西落，一年有春夏秋冬四季一样。人类的作息时间和耕种收获时间都要依时依节气而动，错过最佳时间就无法有预期收获，甚至会产生无法承担的后果。关于儿童成长发育的敏感期同样如此，如果错过了敏感期，相应的能力容易受损，严重的可能会彻底丧失。

心理学关于后天环境对人的影响时有一个案例非常著名。1920年，人们在印度发现了两个被狼养大的女孩，大的估计是8岁，小的大概1岁半。被带回人类社会后，两个孩子被收养在一个孤儿院中。她们在很长一段时间内依然保持着狼的生活习惯。如不会直立行走；在白天休息，夜间活动；对人惧怕，但是对猫狗等动物却更加亲近；不会说人类语言，会发出像狼一样的吼叫。几乎没有人的行为和习惯。

为了让两个孩子重新融入人类社会，收养她们的人尝试了很多方法，但是收效甚微。年纪小的女孩在回到人类群体中几个月后去世了，大一点的女孩（名字叫做卡玛拉）继续接受人类养育者的训练。直到7年后，她才掌握了40多个单词，大概5年后她学会了直立行走，但是在快跑时仍然会四肢着地奔跑。随着长大，卡玛拉可以帮助照料小一些的孤儿，也会因为别人的表扬而高兴，会因为事情做得不好而哭泣，说明她已经逐渐地具备了人类的感情并了解了一些人类社会的价值规则。但是同样很可惜，卡玛拉只活到了17岁，和野生狼的寿命差不多。直到卡玛拉去世，她也没有真正地学会说话，智力只相当于人类三四岁小孩的智力水平。

国内也有过类似案例，孩子从小被养在缸里，除了提供吃穿保证温饱外，没有任何其他养育工作。同样是八九岁的孩子却只有二三岁的智商。从这些案例中，我们可以了解到，在适当的阶段，不做适应的智力开发，错过了儿童成长的关键期，即便后期想办法弥补，效果也是极其有限的。一个人的智力发展情况，并不是完全取决于先天的遗传，更多的是后天养育环境的影响。

父母要掌握并顺应孩子自然的发展趋势。不断学习的同时要用心陪伴观察孩子。当孩子出现对应的行为时，做到了然于胸。不但可以减少育儿的困扰与焦虑，更重要的是可以帮助孩子顺利度过敏感期，为孩子成长为一个独立、有能力的人提供心理储备。

心理小课堂

敏感期是一个大概的时间段，是为了给父母一个观察的线索，并不是精准信息。家长切勿生搬硬套，认为到了某个时间段就一定会有特定的敏感期表现。现实中，在一定范围内，敏感期可能提早也可能推后，可能很短也可能很长，甚至有些孩子某些敏感期表现并不明显，这些都是正常的。以自己孩子的节奏培养孩子才是正确的育儿态度。

5."玩"出身心安顿的孩子

在畅销书《游戏力Ⅱ》中，作者Lawrence J.Cohen用到了一个词"Childhood Anxiety"，译者将其译作了"童年焦虑"。这个词不是某种精神疾病的专有名词，而是可能发生在每个孩子身上的一些问题，可能并不严重但是却普遍。童年焦虑可能包括如下表现：害羞、无法与人正常交往、过分在意别人的看法、爱发脾气、适应性差、总是不开心等。这些是由于安全感不足、紧张和焦虑引起的。

孩子的神经机制尚未发育成熟，在面对一些巨大的压力，负面情绪可能无法得到很好的调节。这种时候，就是孩子需要父母帮助的时候。另外，不同的孩子先天的基础也有差别，同样的压力在不同的孩子身上可能会有不同程度的影响。有的孩子在父母的安慰下就可以恢复正常，而容易焦虑的孩子就比较难以摆脱紧张的情绪。

严重的紧张和焦虑会给孩子和父母带来巨大的痛苦。在《游戏力Ⅱ》一书中，作者总结了正常人安全系统的模式：觉察危险—拉响警报—理性评估—解除警报。正常的孩子在感觉到压力时会紧张焦虑，但是很快自己或者在父母的引导下进行理性评估，从而解除不必要的警报。缺乏安全感的孩子则在警报拉响后无法进行理性评估，即便有父母的帮助也难以保持理性。因此孩子会长时间处在焦虑当中。这种感觉是非常痛苦的。

父母要认识到养育孩子成长的过程不是简单地陪伴、包容、等待。在了解到有童年焦虑的存在后，要多关注孩子的状态，在孩子需要的时候及时伸出援手帮助孩子。这样可以避免很多将来可能出现的问题，强迫症、厌学、暴力（也是一种紧张焦虑的表现）等。

● 造成孩子童年焦虑的原因

不乏有父母提到自己的孩子会说：我的孩子特别胆小，害羞。这样的孩子可能不敢与小朋友一起玩，不敢参加其他小朋友看来有趣的游戏，不敢上台表演等。这些都可以称之为"童年焦虑"。造成童年焦虑的原因主要有以下4个方面。

（1）童年焦虑的程度和孩子的先天素质有关，这是难以改变的。

（2）和孩子经受心理创伤有关。不管是一次巨大的创伤还是多次较小的创伤都可能造成严重的童年焦虑。

（3）父母制造的焦虑。焦虑的父母会将焦虑的情绪传染给孩子，焦虑的父母可能因为孩子摔跤而时刻拽着孩子的手避免孩子摔跤，可能一直在孩子耳边重复可能发生的不好情况。

（4）没有机会表达自己。焦虑的人总感觉自己有什么事没有做，有些话和感受都困在身体里。长时间得不到表达，这些感受会变成焦虑，最后可能不知道自己想表达什么，只是感觉到焦虑。

● 游戏能帮助孩子化解童年焦虑

那么，父母究竟应该如何帮助孩子化解童年焦虑呢？游戏是一种很适合的化解方式。在"玩"中建立孩子的安全感，养出身心安顿的孩子。

一般父母在面对孩子的焦虑时，最常用的方法是用语言讲道理。类似"没关系的，别紧张""不用害怕，这些不是真的""你想得太极端了，没有那么夸张"等。但是事实证明，面对容易焦虑的孩子，这些语言对孩子的帮助甚微。还有些父母是包容型的父母，为了不让孩子焦虑就允许孩子不去面对，也就是教孩子逃避。但是，**正是这种逃避的行为才可能导致孩子的焦虑随着成长越发严重。**

游戏，是很多育儿问题解决的良药。没有孩子不爱游戏。通过游戏，父母与孩子之间建立了联结，欢快的笑声放松了孩子紧张的情绪。**心理师向父母推荐孩子喜欢的、形式多样、操作性最强的游戏——角色扮演或者角色置换游戏。**

一位妈妈这样描述：

我的女儿从3岁多开始，突然惧怕洗头发。每次洗澡都要大哭大闹，拒绝洗头发，说因为洗头发会睁不开眼睛，眼睛难受。我用了很多办法，如跟她讲道理说，不洗澡不卫生，不洗澡身体臭臭，洗了澡白白香香小朋友更愿意和你玩啊等，但是收效甚微；直接给孩子脱衣服，抱着挣扎的孩子进浴室，结果就是全程大哭，以及下一次更加抗拒洗澡；给孩子讲相关的绘本故事，讲完故事，孩子表示自己也要好好洗澡，但是真到要进浴室的时候，早就把故事忘到九霄云外了。

有一次，要给女儿洗澡了。我试着拿孩子喜欢的一个橡胶小青蛙对女儿说，今天要给小青蛙洗澡，因为小青蛙实在是太脏了。明天它要参加一个森林运动会，一定要洗干净再去，否则其他小动物会不喜欢它的。女儿一听我这么说就很受吸引，尽管她知道这是个游戏，但是仍然很感兴趣。我问她要不要和我一起给小青蛙洗澡。于是女儿和我一起进了浴室。进了浴室后，我说小青蛙这么脏就是因为害怕眼睛进水难受才不爱洗澡，我们怎么帮帮它呀。女儿很认真地想这个问题，提议把自己的防水淋浴帽给小青蛙戴上。我说可是如果还是有水流下来进眼睛怎么办呀，女儿又拿了干毛巾说可以给小青蛙擦擦，还说可以一下一下给小青蛙冲水，冲一下擦一下，就不会有那么多水进眼睛。我提议女儿给小青蛙做个示范，女儿真的同意了，虽然过程中仍然会紧张而喊叫，但是比起之前进步实在是太大了。之后的几次洗澡都是带着小青蛙进去的，几次后再换个故事换个玩具仍然有用。

角色扮演的游戏是孩子非常喜欢的，可以让孩子在游戏中从"受害者"转变成"问题解决者"，尝试自己给出解决问题的方案。轻松有趣的游戏形式可以带来笑声，而笑声本身就是治愈紧张焦虑的良药。

心理小课堂

在角色置换的游戏中，父母要注意避免选择孩子真的害怕，真的会造成巨大压力的事物或情境。否则游戏就变成了危险，只能起到反作用。

6.理性看待孩子的社交能力

什么是社交能力？影响孩子社交能力的因素有哪些？如何正确看待和提高孩子的社交能力？这个小节希望会给父母答案。虽不详尽，但心理师把0～6岁孩子在社交方面必须注意的关键点都罗列了出来，供父母参考。

● 社交能力的内涵

社交能力是一个复杂的概念，涉及语言、文化、心理等多种因素。日常生活中，大家习惯于认为一个人爱不爱说话、爱不爱与人互动就是社交能力，其实这是一种误区。真正的社交能力内涵很广泛。它包括：

（1）情绪的自我认知与控制能力。指的是孩子对自己的情绪变化有感受与认知的能力。在一定情境下，孩子可以敏锐地分辨出自己产生了哪些情绪。同时，孩子要有控制情绪的能力。如愤怒时，孩子可以控制情绪不产生破坏力又可以用其他方式去释放自己的情绪。

（2）感受他人情绪的能力。社会交往是人与人之间产生的关系。除了要有能力感知自我与控制自我情绪外，敏锐地感受他人情绪的能力也同样重要。

（3）自我表达的能力。很多孩子不管是生气，还是委屈，甚至羞愧所表现出来的行为都是哭闹、发脾气，这就可能是自我表达情绪的能力不足。

（4）适应环境的能力。当环境发生变化时，人可以调节自己的状态以适应环境。如，孩子在家中任性挑食，但是上幼儿园后，为了争取到老师的喜爱以及获得奖励的小红花，会很认真地把平时不爱吃的蔬菜都吃掉。这就是孩子适应环境的能力表现。

● 影响社交能力的因素

影响社交能力的因素可以分成先天因素和后天因素。

（1）遗传因素。孩子从出生的那刻起就已经带着自己天生的气质而来。不同孩子的气质可能有非常大的差异。有的孩子天生乐观天真，喜爱与人互动；有的孩子天生谨慎小心，喜欢独处。孩子先天表现出的社交能力在后天可能在原有的基础上适当调节，但是无法从根本上改变。父母不应该过分勉强孩子，容易给孩子造成很大压力。

（2）其他先天因素。除了自身的天生气质，同在一个家庭出生的孩子也可能有不同的社交能力。一个家庭内的兄弟姐妹之间，有的孩子更体贴，会看"眼色"行事，有的孩子不易体会别人的感觉，但这并不是一种冷漠或者自私。这种情况下父母要引导孩子感受自己、感受别人。

（3）后天因素。首先，与父母的行事方法和教养风格有关。父母不喜社交，家庭环境封闭，家中的孩子就可能不愿意或不擅长社交。另外，教养方式不当引起孩子的自私、自卑心理，都可能引起孩子不顾及他人感受或者无法顺利表达自己感受的情况。

● 正确认识和培养孩子的社交能力

（1）社交能力不能与成功、幸福画上等号。现在社会普遍认为开朗外向、能言善道的人更受欢迎，更易得到认可，也更容易取得成功、收获幸福。事实上，社交能力并不能与成功、幸福画上等号。有很多人一生只有少数几个朋友，也没有很多社交活动，同样在自己的工作领域获得了很高的成就，也同样收获了美满的爱情与婚姻，生活幸福。所以，**社交能力与成功、幸福的获得画不上等号**。只要孩子不因为社交能力受困扰就不必强迫孩子改变。

（2）品质大于社交能力。社交能力是一种能力，是能力就有习得的可能。比社交能力更重要、更可贵的是孩子的品质。真正能让一个人在社会中获得认可与尊重的还是这个人身上优秀的品质，比如善良、友爱、乐于助人、真心赞扬他人等，这些都是真正受人喜爱和尊敬的品质。没有优秀品质为基础的社交技能不会长时间有效，反而会让人防范与远离。

诊室里来过一对母子。孩子7岁，刚上小学，我们叫她小杰。妈妈带小杰来看医生是因为小杰在班上的人际关系不好，没有朋友。

小杰的爸爸妈妈非常重视小杰的教育。从小就给小杰提供了他们能力范围内最好的一切，不管是衣食住行这些物质层面的东西，还是各种才艺培养，都不惜精力与财力的投入。他们还给小杰报了主持人表演等培训班，小杰参加了很多的竞赛与表演，经常登台，与陌生人说话从来不怯场，在各项活动中也表现得很积极。

小杰的父母本来是很骄傲的，可是进入小学后，尽管小杰在班上还是表现非常突出，却交不到朋友。半个学期下来，本来非常自信阳光的小杰也因为没有朋友而变得害怕去学校，有非常大的心理压力。

经过医生的仔细询问，我们了解到：小杰父母从小对孩子的教育就是要小杰尽力地去表现自己，在机会面前全力以赴，绝不退缩。小杰也如父母所期望，非常努力，各种才艺都刻苦练习。但是，上学后，无论是课堂上回答问题还是学校有什么活动，小杰总会抢在前头，难免会抢占别人的机会。但是小杰却没有意识到这个问题，慢慢地，同学们开始排斥他。

心理师对小杰妈妈说，虽然让孩子努力争取机会是没有错，但是我们更加鼓励的是自身的刻苦与认真，而不是抢占所有资源不给别人留余地。如果所有公众资源和机会都被自己孩子抢到，其实这并不是一件公平的事。这种不公平会让其他人产生不满。小杰现在的状态就是无法体会或者顾及其他人的感受，只关注自己。表面看起来是什么都抢到了，实际上失去了更多。小杰已经变成了别人眼中自私自利的人。与表现出众比起来，优秀的品质是更加重要的社交优势。

小杰的案例是在社交能力培养过程中遇到困难的一种情况，那么到底该如何培养孩子的社交能力呢？

（1）明确什么样的人受欢迎。真正受欢迎的人是那些自信、自尊、自爱同时又尊重他人、乐于助人的孩子。

（2）不侵犯他人权益的情况下，具备感知自己的能力。培养孩子的社交能力并不是要孩子去迎合他人，失去自我。了解自我，感受自我永远是孩子首先要学会的，当然是以不侵害他人利益为前提的情况下。

（3）善良是最珍贵的品质。善良会为所有其他能力铺下美好的底色，没有善良的能力不值得提倡。

（4）倾听他人的能力。能够静下心来倾听他人的人是真正尊重他人的人，非常受人欢迎。

（5）由衷地赞扬他人。真诚地赞美身边的人是很困难的，但却也是很有"人缘"的品质。

（6）乐于分享。分享是建立友谊的基础，也是孩子"心中有他人"的表现。乐于分享的孩子总是朋友很多，这对孩子的人际关系很有好处。

心理小课堂

社交能力是一个人在社会中生存必需的能力，它是一种工具。如果再加上各种美好的品质，那么孩子的人际关系会非常和谐。

7.被误读的抗挫折能力

人的一生会经历很多困难与挫折，抗挫折能力决定了人生命的强度与活性。抗挫折能力并不是一个新概念，我们的先辈们由于大多生活环境艰苦恶劣，具备了勤劳、坚韧的品质，具有很强的抗挫折能力。同时他们也非常重视对子女的抗挫折能力教育，但是在这方面却出现了很多问题。经常听到上代人说："我们那时候那么苦，大家都没出现什么问题，怎么到孩子身上就不行了呢？"其实，这是因为很多人对"抗挫折能力"的解读出现了问题。

● 被误解的抗挫折教育

父辈们经历了战乱、天灾、疾病、物资匮乏、政治运动等大的挫折，无数人在这期间离世。活下来的人尽管看过了太多人世的艰辛与残酷，但是为了家人、为了亲情，仍然在苦难中坚持寻找希望，是心中的向往与希望支持他们继续努力地生活。虽然苦，但是这种苦是全家人齐心协力，共同承受的外来之苦。一家人彼此依靠，苦难反而凝聚了亲情。

现在，有很多父母认为社会稳定，人们已经不愁温饱。孩子在这样的环境下出生成长，万一遭遇挫折会承受不了怎么办。于是人为地给孩子制造挫折，认为这样可以培养孩子的抗挫折能力。这是不明智的。过去的苦难来自外界，但是亲人之间的支持是人的精神支柱。**如果挫折是父母故意制造的，孩子在心理上是无法接受的**。父母的天职就是爱护养育孩子，教育孩子的过程也是有爱的。如果变成无端地针对孩子，无端地给孩子制造挫折，是在伤害孩子。这种来自父母刻意伤害的破坏力是巨大的。

诊室里来了一家三口，孩子5岁，名叫小荣。和其他5岁的孩子不同，小荣看上去没有同龄孩子该有的快乐与轻松，给人感觉很落寞。小荣的父母都很健谈，说话声音也很大，一进门就要求小荣和医生打招呼，小荣小声地问好。本以为可以进入下一个环节了，没想到小荣的父母推搡着小荣，说："你声音大点，太没有礼貌了。"小荣只能再提高点声音喊了一次，整个人更加怯怯地。

小荣的父母带孩子看医生是因为他们认为孩子心思重，总是不开心，承受能力差，觉得可能是心理上有什么问题。我们询问他们，孩子有什么表现让他们这么认为。他们举例：小荣小时候学走路摔倒了，父母觉得走路摔倒是正常的，就站在一旁看着小荣自己站起来。有时候小荣会哭，父母就呵斥，摔倒了站起来就好了，有什么好哭的。开始，小荣哭得更厉害了，父母就会责骂孩子，慢慢地孩子知道规则后，也就不哭了。

小荣成了小区里最独立的孩子。别的小朋友出来玩耍，父母都带着水果、零食、水壶，方便小朋友饿了、渴了补充一点能量。但是小荣的爸爸妈妈除了水壶从来不带其他食物，也不允许小荣接受别人给的食物。因为他们觉得出门玩一会儿不会有多饿，没有必要把孩子养得那么娇气。

后来，小荣上幼儿园了，也是班上最懂事的孩子。过新年，班里要组织小朋友的联欢会，幼儿园老师要求所有小朋友都穿干净的白色鞋子表演舞蹈，但是父母没有提前准备，就临时找了一双灰色的鞋子给孩子穿上了。表演时，小荣就表现得兴致不高，上台后总往其他小朋友后面站。后来，爸爸妈妈问他怎么了，小荣回答是因为自己的鞋子和其他小朋友的不一样。父母觉得很生气，也很担心，觉得小荣太虚荣了，在意这种小事，因为这点小事就心情不好，以后要遇到大事怎么能承受得了！他们为此还严厉地训斥了小荣。

了解了小荣的故事后，我们很直接地告诉父母："孩子没有问题，有问题的是父母的教养方式。作为父母应该给孩子支持与关爱，你们都做得很欠缺。就这几件小事就可以看出平时你们的养育方式。孩子不是承受能力差，是缺爱。只有得到父母充足的爱，孩子才有能量、有勇气去面对挫折。"

人们会听到有的人说："感谢那些对我不好的人，让我成为更好的自己；感谢苦难，让我获得自己争取幸福的能力。"这对大人来说可能是对的，但是对孩子来说其实是不对的。因为对于孩子来讲，他们还没有应对这些"人为挫折"的足够能力，只有等他们被"爱"喂饱之后，才有真正的能力去面对这一切。在此之前，父母不可以为了培养孩子的抗挫折能力而制造挫折，这将可能对孩子造成最大的伤害。

● 进行真正有效的抗挫折教育

　　心理师建议不要为了经历挫折而制造挫折。但是，不管父母制造不制造，挫折总会出现，如何进行真正有效的抗挫折教育呢？

　　（1）硬抗不是根本办法。遇到挫折时，父母最常说的一句话就是："坚持一下！"言下之意就是让孩子硬抗。但这根本不是解决办法。如果孩子并不是在偷懒或者撒娇，让孩子硬抗就类似于让一个轻量级举重选手去举重量级的杠铃，不但无法坚持，还可能会给孩子造成伤害。

　　（2）设定适合孩子的目标高度。在日常的生活和学习中，父母要给孩子设定一些目标。注意这个目标要根据不同孩子的不同情况与基础设定，不要太简单轻松，也不要太难，以至于孩子完全没有动力去挑战。譬如，对于坚持一件事。父母督促孩子每天完成计划的事，经过一段时间就养成了坚持的习惯，这就是对自身惰性和散漫的生活习惯的一种挑战。再譬如，对于学习跳绳的孩子，应该根据他目前的能力每天往上加5个，熟练后加10个、20个……逐渐加量。

　　（3）与孩子共同进退。爱是力量的源泉，当孩子面对挫折困难时，父母的支持非常重要。父母要让孩子知道，父母始终与他一起共进退。一方面，这种情感的联结会给孩子克服困难的勇气，让孩子有责任感；另一方面，父母也可以感受孩子的感受，对孩子面对的困难有评估，方便与孩子一同想办法面对困难。父母面对挫折的态度也是孩子学习的榜样。

心理小课堂

　　挫折是人一生中无法避免的。父母不必因为担心孩子无法抵抗挫折而人为制造挫折，来自父母的爱才是孩子抗挫折能力的源泉。

8.亲子共读，每位父母的必修课

相信大部分人的童年或多或少都有这样的记忆：当我们还是小孩子时，晚上睡觉前总会央求爸爸妈妈给自己讲个睡前故事。那个年代可能不像现在，市面上没有琳琅满目的童书可以选择，即便有，可能也是少得可怜的几本。所以，我们听到的故事都是经典的《龟兔赛跑》《狼来了》《白雪公主》等。甚至有些家庭没有童书，靠的是父母凭借记忆与丰富的想象力编出来的小故事，而父母的故事也是从他们的父母那里口头传下来的。尽管故事很少，也可能缺乏趣味性、缜密的逻辑性与连贯性，但是却不影响这个过程成为我们美好的童年记忆。直到年老，可能我们记忆中无法忘却的依然是童年时爸爸妈妈讲的那几个古老的故事，这就是童年时期的亲子共读在我们人生中产生的重要意义。

● 什么是亲子共读

亲子共读就是家庭中，父母与孩子一起阅读的过程。但是，仔细分析起来，亲子共读有更多、更深的内容。

亲子共读不仅仅只是父母与孩子读书的这个过程，想要拥有高质量的阅读过程，父母可以从选书开始就与孩子共同交流。比如孩子马上要进入幼儿园了，幼儿园的生活会是怎么样的呢？孩子在幼儿园应该如何与老师与小朋友相处呢？这可以作为一个阅读主题，提前选好书和孩子一起阅读；再比如，孩子最近在学校开始接触到古诗，那么父母就可以以这首诗为主题选书。古诗是我国特有的文学形式，除了诗还有词、赋等古典文学形式，它们分别在什么年代流行，这些文学形式的代表人物有哪些，他们身上又发生了什么传奇的故事等，这些都是很好的选书依据。**亲子共读都要在孩子感兴趣的基础上进行。**

读完书后，父母最好和孩子一起讨论书中的内容，让孩子叙述一下读书后的收获或者感想。如果通过读一本书产生了更多的疑问或者有了新的好奇心，可以带着问题再读几次。若仍然无法满足，这就为接下来的选书提供了依据。如此，**选书—读书—讨论书—再读书—再选书的过程，就是一个比较完整又有针对性的高效的亲子共读过程**。如果可以坚持下来，孩子将会从中收获良多。

● 亲子共读的意义

（1）在孩子还无法自主独立阅读时，孩子可以通过亲子共读获取知识，了解世界。亲子共读可以拓宽孩子的视野与知识面；亲子共读可以促进孩子听说读写的能力，让孩子具备更好的接收信息与表达信息的能力；亲子共读可以让孩子在非冲突的情况下学习与人交往的能力及解决矛盾的能力。

（2）亲子共读是建立良好亲子关系的机会，甚至在已经发生问题的亲子关系的修复上也有着非常积极的作用。亲子共读的过程中，孩子与父母会依偎在一起，这是最温情的时刻，可以修复很多负面情绪；在亲子共读的过程中，父母可以问孩子"听懂了吗？""你觉得这是什么呀？""这是为什么呀？"等问题。这些询问一方面可以促使孩子积极思考并寻找答案，也可以培养孩子的自我思考能力，锻炼孩子的分析能力和口头表达能力；另一方面，这些询问也向孩子传递出父母对孩子的尊重，孩子会觉得自己的想法和意见是受到重视的，有助于孩子建立自尊心和自信心。

（3）即使孩子已经具备了独立阅读的能力，也要坚持亲子共读。阅读并不是一定要让孩子全盘接受书中的信息，阅读的目的除了获取知识还要审视知识，还要培养孩子有质疑书中内容的能力。只有这样，阅读对孩子来说才是具有创造性的，有活力的，真正能为孩子认识世界所用的。这也是为什么我们认为具备独立阅读能力的孩子仍然应该进行亲子共读的原因。亲子共读的过程不是独角戏，必然会伴随讨论、质疑、思考、求知的过程。这也就反映了**阅读的本质并不是单向的信息输出或者输入，而是信息的交换**。

● 亲子共读的方法

亲子共读强调的是共同阅读。从形式上来讲，可以是父母与孩子共同阅读，也可以是父母读书给孩子，或者孩子读书给父母；如果家中有2个或者2个以上孩子，几个孩子共同读书，或者孩子给孩子读书都属于亲子共读的范畴。另外，除了"读"，分享一本书的方法可以有很多种，如表演、图画、音乐、背诵、我学你猜、唱出书中内容、甚至手工游戏都可以。只要是可以共同分享书中内容的形式，都可以算作亲子共读。

对于小孩子来说，兴趣大于一切。如何让孩子对阅读产生兴趣，除了上面我们提到的根据孩子的兴趣点着手切入外，父母的陪伴与榜样作用不可忽视。**父母喜欢阅读对于培养孩子良好阅读习惯来说，非常重要。**孩子总是喜欢模仿大人，总是认可大人的行为。父母对阅读的热爱本身就对孩子有着强烈的正面吸引；父母还可以通过营造一个利于阅读的温馨环境来帮助孩子爱上阅读。如在家中开辟专门的读书角，以温馨舒适的色调为宜，在家中安装大面积的书架墙等。这些都是帮助建立良好的亲子共读习惯的有效方法。

不同年龄段的孩子，适合不同的书籍。父母应该做好调研，有计划地做好准备。

心理小课堂

在信息大爆炸的社会，读书是最快速、最便捷获得系统知识的方式。亲子共读是父母引导孩子学会从书本中获取知识，并主动思考的最佳方式，是最低门槛却收获最大的教育方式。

9.不可忽视的安全教育

孩子的平安健康是所有父母最大的愿望，也是最基本的愿望。人们讨论教育，为孩子的将来考虑方方面面，首先是在保证孩子健康平安的基础上的。如同自然界的所有动物一样，除了保证刚出生的宝宝吃饱穿暖，父母首先要教给孩子的就是如何在自然界中躲避风险，平安长大。也许是人类高度发达的文明帮助人们抵御了太多来自自然界的危险，很多父母在考虑孩子教育问题时会忽略掉安全教育。**其实安全教育应该放在教育的首位。**没有安全，任何教育都是没有根基的。

● 培养孩子的安全意识不能仅靠"简单提醒"和"空道理"

教育是需要讲究方法的，任何教育都不可能通过口头讲道理达到，安全教育同样如此。但这恰恰是有些父母常犯的错误。他们会对孩子说，要注意安全啊、小心别烫到啊、小心车啊、小心有坏人啊等。每天反复在孩子耳边叮嘱这样的话，孩子不但完全学不到如何避免父母口中说的这些危险，还让父母的话成了耳旁风。如果孩子真的受到伤害，父母会心痛又气恼地说："我提醒过你多少次了，怎么就是不听我的呢？！"我们不禁要为孩子喊冤，像上文提到的那样的语言，根本没有告诉孩子避免危险保证安全的方法，完全只是对父母担心的缓解而已。培养孩子的安全意识不能只是简单地提醒和讲"空道理"。父母可以尝试着这么做：

（1）在"玩"中潜移默化地对孩子进行安全教育。笔者曾经专门写过一篇文章介绍如何在"玩"中养出身心安顿的孩子。从中已经了解到与孩子交流，玩游戏是非常适合又有效的方式。在安全教育过程中，游戏同样能起到很好的作用。如向孩子介绍交通规则可以通过玩"交警与行人"的游戏来完成。父母先扮演交警，向孩子扮演的行人传达正确的交通规则。之后，角色转换，让孩子来作交警，父母故意做出违反交通规则的行为，让孩子来制止并指正。在欢乐的气氛中就传达了孩子应该遵守的交通规则，有趣又高效。其他的安全教育同样可以设计有趣的游戏来完成。

（2）安全意识的教育要规则明确。如带孩子乘扶手电梯时，父母说"小心站稳"就不如"小脚不要踩黄线"，孩子更易理解照做。"站稳"是个状态，对于孩子来说更需要的是直接的动作，以达到"站稳"的状态。很多时候，父母以为自己说的话孩子不去做，其实是因为孩子不知道如何做。

（3）父母以身作则。孩子是很容易受环境影响的，身边人的所作所为对孩子的影响大过任何的语言。如果父母是随意闯红灯的人，孩子难免会违反交通规则。所以，最好的安全教育就是父母本身就是有安全意识的人。

（4）多聊天，少命令。很多时候，父母把道理对孩子讲得很清楚了，孩子仍然不爱听，可能是父母教育的态度出现了问题。当这些话语以命令的形式出现时，给孩子的感觉可能是父母在控制自己，而忽视了父母传达的话语内容。所以，在平时和孩子聊天的过程中，像对待朋友一样说出的话反而对孩子影响更深。

（5）相信专业。仅仅有安全意识还不足以保护孩子，必要的安全技能要向专业人士学习。如如何在火灾、地震、人群踩踏中避免伤害，父母应该为孩子购买专业的书籍、课程或者送孩子参加训练营学习。

（6）实操大于理论。任何技能的获得都是要经过训练的。不能指望一只小鸟不经过飞行的训练，一出生就展翅翱翔。同样，家长也不能指望孩子未经训练在灾难发生时，仅凭书本知识就具备完美的自救方法。父母可以与孩子一同在家中模拟操练技能。

（7）不恐吓，不制造焦虑。家长培养孩子的安全意识，是为了让孩子具备自我保护的能力，从而更好地生活。但是有些焦虑的父母，自身缺乏安全感，会去吓唬孩子。这样不但起不到任何培养孩子安全意识的作用，还会破坏孩子安全感，导致孩子胆小、懦弱、敏感、焦虑。父母应该注意避免。

● 0～6岁孩子应学习的安全教育内容

孩子之所以称之为孩子，就是还需要父母的照顾。尽管笔者提到了很多条如何培养孩子的安全意识的建议。但是孩子真的无法记住那么多条，生活中也不是总能遇到火灾、地震等灾难。更多的情况是日常生活中可能遇到的小危险。笔者认为相比复杂的细节，大的安全准则是孩子应该知道而且也比较容易记住的。这些准则包括以下5类。

（1）遵守规则。我们教孩子遵守规则是因为规则是历史经验的总结，遵守规则是成本最低的安全策略。

（2）关于陌生人的三不原则。未经父母许可，不吃陌生人的食物；不跟陌生人走；不碰陌生人的东西。

（3）警惕找小孩帮忙的大人。要告诉孩子，有些不怀好意的人会利用孩子的单纯善良请求孩子的帮助。要知道，一般来说，一个成人是不会向孩子求助的。

（4）和父母之间没有秘密。0～6岁这个阶段，父母和孩子之间是不需要有秘密的。任何人请孩子保守秘密都要教会孩子保持警惕。

（5）任何时候，自己的生命是第一位的。这条高于其他所有规则。

心理小课堂

父母要把握好安全意识教育的尺度。既不忘记孩子的平安是高于成绩的，又要谨记安全教育是为了保护孩子，不要人为制造焦虑。

10.正确面对校园欺凌

校园欺凌是一个不可忽视的问题。国内有学者研究发现，我国小学阶段受欺凌者占22%，欺凌者占6.2%，这意味着每5个孩子中就有1个被欺负。从这个结果来看，我国儿童存在着严重的欺凌问题，对此国家也非常重视。北京于2018年首先发布《北京市中小学欺凌治理方案》；同年广东出台治理校园欺凌方案；天津市也通过了《天津市预防和治理校园欺凌若干规定》……国家如此重视，家长更应该提高认识，和孩子一起正确面对校园欺凌。

● 不自信的孩子更容易被欺凌

每个人的记忆中都有那么一个或者几个人，在同学中长期遭受大家的嘲笑与欺凌。也许是因为学习不好，或者是因为长得不好看，也可能是得罪了谁……总是有那么一个或几个同学被孤立、受欺负。但是细想：学习不好的同学还有很多，班上也不是所有人都漂亮帅气，为什么受欺负的总是那一个呢？首先，要明确这种针对一个孩子的带有偏见的欺凌是非常严重的错误行为。对于和大家不一样的同学，孩子正确的价值观未清晰地建立之前，很容易对这种不一样产生莫名的敌对心理，从而去排斥、孤立、取笑甚至欺负这些不一样的同学。这和很多因素有关，如人的从众心理等。

笔者从众多因素中的一个角度来讨论这件事。从受欺负的那个孩子角度来看，**受欺负的孩子往往是不自信的，而不自信直接导致了孩子性格孤僻、朋友少**。其实这也间接反映了孩子从小受到的关爱与尊重是不够的，可能是父母疏于关注照顾或者是原生家庭出了问题。如果受到侵犯，那些自信心、自尊心强的孩子会奋力反击，而那些不自信、低自尊的孩子可能只会默默忍受。这种隐忍可能会让欺凌者变本加厉。

诊室里来过一对父子，来自农村，父亲看上去精瘦强壮，说话做事很有一家之主的风范，一看就是典型的中国传统家庭的父亲。孩子名叫小东，声音怯怯的，和人有眼神接触时会很快地转移视线。父亲带孩子就医的原因是孩子在学校受到欺凌，胆小怯懦不敢反抗，只能一直在家赖着不去上学。

在整个就诊过程中，父亲一直在讨论孩子的情况，中间经常出现"怂""不行""胆小鬼""笨蛋"等贬低的词语。听到爸爸这么说自己，孩子仿佛已经习惯了，没有什么特别的反应，就是怯怯地看看爸爸，再看看医生的反应。

听完爸爸的叙述，笔者认为造成孩子胆小、怯懦、被欺凌的原因与孩子的家庭教育密切相关。家中父亲对孩子的态度直接导致了他怯懦和逆来顺受的性格。父亲对小东缺乏关爱与尊重，造成孩子的低自尊、不自信，而孩子在与小朋友相处时也会这样，进而影响了孩子建立和谐的人际关系。

自信的孩子自带一种不容侵犯的光芒。所以家长要培养孩子成为有自信的人。这种自信不是口头的说教"你要有自信啊！"就可以完成的，需要的是从孩子小的时候一点一滴地培养与引导。最主要的是父母要信任自己的孩子，给孩子试错与成长的机会。如果父母内心是信任自己孩子的，孩子才有可能会成为一个自信的人。而自信的孩子才不会成为学校里霸凌的对象。

● 被欺凌的孩子可能拥有一对内心脆弱、易感到恐惧的父母

有些父母特别害怕自己的孩子受人欺负，一直都处于焦虑中。他们会一直灌输孩子"这些行为就是在欺负你啊""以后不要和他玩啊，他欺负人"等。在这样的父母眼中，世界是危险的。表面上他们不容侵犯，其实内心非常脆弱与恐惧。这是一种深层的不自信，这种焦虑与不自信也会传递给孩子。一方面，父母这样的教育并不能真的教会孩子如何自我保护，反而让孩子更加敏感多疑；另一方面，很多时候父母的判断不一定是不准确的，可能

会干扰孩子自己的判断与选择，更不利于孩子提高交往能力，形成自己的交际圈。

● 培养孩子的自我保护能力

面对校园欺凌，家长要注重培养孩子的自我保护能力，让孩子能够应对欺凌。

（1）锻炼健康强壮的体魄。强壮健康的体魄是面对欺凌时自我保护的关键。拥有健康强壮体魄的孩子在发生碰撞或者是摔跌时更不容易受伤，在与同伴玩耍时也不容易成为受欺负的那一个。况且，身体强壮本身就是一种实力的象征。

（2）机智的应变能力。机智灵活与身体强壮同样是重要的自我保护能力，也是需要培养的。机智灵活使得在面对突发情况时，可以更敏感地感知环境，更快速准确地做出正确的判断与反应，正面对抗或是忍让迁就都是一种选择。

（3）规矩要明确，解释要清晰。在孩子未成熟前，面对很多情况，是不确定应该如何做出反应的。这种不清楚就需要花费时间去思考和判断。在有些不允许孩子有时间思考的情况下，提前知道该如何做就显得尤为重要。因此父母要在平时的教育中将最重要的规矩明确地告诉孩子，并且解释清楚原因，避免孩子因"事发突然"而不知如何应对。

心理小课堂

校园欺凌是指在校园内外，学生间一方（个体或群体）单次或多次蓄意或恶意通过肢体、语言及网络等手段对另一方实施欺负、侮辱，造成另一方（个体或群体）身体伤害、财产损失或精神损害的行为。

第七章

重视早期养育，
培养身心健康的孩子

1. 了解孩子的"独特气质"

通常人们夸一个人"有气质"，夸的是对方由内而外带给别人的一种综合感受，与心理学意义上的气质分类不是一个概念。在心理学范畴里，气质是人的心理特征之一。它是一个人典型的、稳定的心理特点。那么，既然气质是人的基本心理特质，孩子自然也是有的。每个孩子出生时就已经带来了自己独特的气质。心理学将人的气质分为胆汁质、黏液质、抑郁质、多血质四类。

● 胆汁质

胆汁质气质的孩子主要表现为：个性急，反应迅速，行动敏捷，情绪易激动，充满热情和能量。面对困难有勇气迎难而上，但是也容易虎头蛇尾。精力耗尽时，丧失信心，失去干劲。

隆隆是一个5岁的小男孩，长得很精神，声音洪亮，走路风风火火，身上仿佛永远有用不完的劲。平时隆隆在幼儿园总是表现活跃，非常愿意配合老师的各种安排，在班上总能起到带头的作用。一次运动会上，有拍皮球的比赛，隆隆非常有信心地报名参加了。可是比赛开始后，手中的皮球特别不听话，总是蹦来蹦去无法控制。隆隆越拍越急，最后生起气来，干脆把球一扔，一屁股坐地上不比了。老师和妈妈劝了好久才劝好，可惜比赛的时间也到了，隆隆没有取得名次，非常失望，大哭一场。

这是典型的胆汁质的表现。养育这样的孩子时一方面要鼓励孩子保持热情与勇敢的优点；另一方面着重培养孩子的耐心和细心，可以多带着孩子玩拼图、串珠等游戏，锻炼孩子的耐心，避免虎头蛇尾。

● 抑郁质

抑郁质气质的孩子主要表现为：情绪易感，性格孤僻，行动迟缓，优柔寡断。面对紧急情况时极度焦虑或恐惧，经常因为很小的事件动感情，并且不易摆脱。

小蓝虽然是个男孩子，却有着忧郁敏感的性格。他刚学会说话的时候，就会指着窗外的夜色对妈妈说："黑，怕！"稍微长大些，小蓝也很少和小区里的其他男孩子一起追跑打闹，他更喜欢一个人在妈妈的附近玩耍。对其他男孩子爱玩的爬高游戏他也不感兴趣，稍有危险就让他很紧张。曾经有过爬高梯因为恐惧尿裤子的经历。很少能看到小蓝毫无顾忌地放声大笑，虽然只是个5岁的孩子，总是让人感觉心事重重的。

小蓝拥有典型的抑郁质气质。养育这样的孩子要着重鼓励孩子多与人交流，多参加有挑战性的活动，但注意不要强迫孩子。父母本身也要做乐观的人，经常在孩子面前表现出对生活的热爱与希望，引导孩子乐观地思考问题，避免将自己的焦虑传递给孩子。

● 多血质

多血质气质的孩子主要表现为：性格灵活，适应性强，善于交际，精力充沛效率高，兴趣广泛，有些投机取巧，情绪多变，讨厌一成不变的生活。

小宁是小区里最受欢迎的孩子，几乎所有的小朋友都是她的好朋友。小宁聪明活泼，反应灵敏，很会玩游戏，与其他小朋友发生争执时，总是可以想到大家都满意的办法化解矛盾。小宁对任何新事物都充满了好奇，什么都愿意试一试，而且都学得很快。可是小宁已经6岁了，还没有一样兴趣是坚持下来的。因此，妈妈决定要督促小宁选择一种兴趣坚持下来了。

小宁是典型的多血质气质孩子，养育这样的孩子要着重培养他们的专注力与持久力，避免因兴趣广泛而造成半途而废，最后一事无成。家长可以帮助孩子选定孩子喜欢的活动，然后督促孩子坚持下来。

● 黏液质

黏液质气质的孩子主要表现为：反应缓慢，情绪平稳，动作沉着，不易冲动，不易流露感情。喜欢遵守既定的规则与习惯，可以坚持一件事情很久，自制力强，缺乏灵活性。

小马是个少言的男孩，虽然不是活泼开朗的性格，但是也与别的小朋友相处得很好，他非常愿意配合大家一起玩。玩游戏时，小马很遵守游戏规则，不管有没有人看得到，小马都不会偷偷破坏规则。平时妈妈给小马买了书或者拼图，小马都会一本一本看完，一件件拼好再请妈妈买新的。6岁的小马已经学习足球1年多了，坚持得很好，已经有足球小将的风范了。

小马拥有典型的黏液质气质。养育这样的孩子要注意不给孩子太多限制，鼓励孩子自主创造，多带孩子参加富于创造性与灵活性的活动，激发孩子的灵感与活力。

从孩子降生那天起，在日复一日的相处中，父母会越来越清晰地感受到孩子的气质。**气质虽然分为四大类，但是人却不可能简单地分为四类。多数人都是介于各种气质中的混合类型。**同时，气质也没有好坏之分，不论哪种气质都各有优缺点。不同气质的孩子也都有各自擅长的领域。父母应该接受孩子，了解孩子，不存偏见地对待孩子。并能根据不同气质的特点帮助孩子发扬优点，补足缺点，让所有的孩子都有属于自己的精彩。

心理小课堂

心理学上的气质定义与通常意义上的定义不同，家长了解孩子的气质类型，有利于更好地教育、培养孩子。

2. 不爱说话的孩子，警惕选择性缄默症

选择性缄默症是一种精神障碍，是以患儿在某些需要言语交流的场合（如学校，有陌生人或者人多的环境）持久地"拒绝"说话，而在其他场合言语正常为特征的一种临床综合征。选择性缄默症多发于3～7岁，女孩多见。

受文化的影响，中国人"内向"的偏多，特别是小孩子。很多孩子在上幼儿园或者上学后不说话，老师和家长容易以为是内向或者害羞。可能因此而忽略一些患上选择性缄默症的孩子。而选择性缄默症如果早发现在很大程度上是可以治愈的，越早干预越好。

● 判断选择性缄默症的依据

判断是否选择性缄默症是一个复杂的过程，父母在家中可以根据以下5点来作为自查依据。

（1）孩子在某些需要言语交流的场合（如学校）不能说话，而在另外一些环境说话正常（如家中）。也可能相反，在学校可以正常交流，而在家中无法说话。

（2）症状不是由于语言不通造成的。如搬家到外语国家或者方言地区。

（3）症状已经影响到孩子的正常生活和学习，孩子感到痛苦。

（4）出现症状时间超过1个月以上。

（5）排除孩子患有自闭症、精神分裂、智力发育迟滞等其他发育障碍疾病。

如果家长对照以上5点发现都符合，就要抓紧时间带孩子去医院咨询就诊了。

● 选择性缄默症的心理成因

研究发现，选择性缄默症的成因主要是由于心理方面。究其根本，是

孩子处于巨大压力或者强烈焦虑状态下的一种症状，属于社交障碍。研究发现，患有选择性缄默症的孩子的智商与未患病孩子相比并没有显著的偏低。

　　患儿在某些特定场合因为焦虑或极度害羞，无法开口说话。**不说话不是这些孩子的选择，孩子不是"拒绝"说话，而是"无法"说话。**很多已经治愈的孩子回忆自己患病时的状态，感觉自己的喉咙仿佛被卡住一样，无法说话，同时可能伴有心跳加速、出汗、嘴唇发抖等躯体症状。父母和其他人员要正确理解患者的状态，不要因为误解给孩子更大的压力。

　　选择性缄默症的发生和天生的易焦虑体质有一定关系。患儿在发病前可能就有敏感、胆小、孤僻等性格特征；同时患儿有很大比例在发病前就有言语功能迟滞的问题，如比正常孩子说话时间迟等。

　　但是，选择性缄默症的发生更多是由巨大压力、家庭矛盾或其他家庭问题引起。包括：父母过度保护；经历较大的情感创伤，如遭受虐待、父母关系不和或离异、家庭关系不和睦；大的环境变动，如移民或者搬家等。

　　诊室里曾经来过一对父女，小女孩4岁半，叫小兰。父亲带她就诊的原因是，老师反映孩子在幼儿园不说话，也不参加游戏与活动。

　　经过医生的详细问诊，笔者了解到：小兰的母亲大概在小兰2岁多的时候意外去世。爸爸为了不影响自己上班，将小兰送到了奶奶家里，一周去看孩子一次，同时选择了一家离奶奶家近的幼儿园。在长达2年的时间里，小兰每个月才能见到爸爸几次。小兰每次都在电话里哭着说想爸爸，但是因为工作和距离的原因，爸爸始终没有接小兰回到自己身边。就这样，小兰在上幼儿园后，老师注意到了她和其他小朋友的不同。开始爸爸并没有太重视这件事，因为小兰从小就是一个害羞胆小的小姑娘，直到老师多次提醒，爸爸才意识到小兰可能是出现了问题。

　　心理师对小兰的爸爸说，小兰很可能是患上了选择性缄默症。起因很大可能是由于母亲的离世，加上父亲的离开，并且搬离了自己从小生活的家与奶奶一同生活。这一切对孩子来说等于整个世界发生了翻天覆地的变化，孩子的情感上经受了非常大的创伤。

很多时候，父母觉得孩子年龄还小，没有复杂的情感。事实上，站在孩子的角度考虑，就如小兰身上遭受的一切，即使对于一个成年人来说都是无法承受的痛苦，更何况是更加敏感脆弱的孩子。**父母往往容易沉浸在自己的世界中忽视了孩子，给孩子造成了巨大的伤害而不自知。**

● 选择性缄默症的治疗

（1）心理治疗。选择性缄默症是一种主要由心理成因引发的疾病，所以主要以心理治疗为主。经证实，在心理治疗中，精神分析法、认知行为疗法（CBT）对选择性缄默症的治疗是比较有效的。心理治疗主要以缓解患儿内心的冲突和焦虑为主。

（2）家庭治疗。主要是改善不健康的家庭环境和家庭关系，尽量消除或者减弱引发孩子症状的因素。

（3）与家庭治疗相配合的学校治疗和社会支持等。

（4）药物治疗。症状严重的孩子，可以在医生的指导下服用适量的抗焦虑药物，减缓症状。

心理小课堂

在耐心引导孩子克服选择性缄默症的过程中，父母不要心急，要循序渐进地让孩子慢慢接受新环境和人群，降低孩子的焦虑程度。

3.正确认识多动症

相信很多家长都对"多动症"这个词并不陌生，因为多动症是儿童时期较为常见的一种行为异常疾病，但是，真正了解多动症的人却又很少。

● 多动症的定义

儿童多动症又称注意力缺陷多动症，或脑功能轻微失调综合征，是一种常见的儿童行为异常疾病。这类患儿的智力正常或基本正常，但学习、行为及情绪方面有缺陷。

多动症的孩子有三大核心症状：活动过多、注意力不集中、行为冲动。除此以外，还可能伴有很多其他的症状，如学习困难、情绪不稳定、不合群、面部肢体抽动、说谎、厌学、甚至偷窃等行为。

多动症是一种慢性疾病，其症状可以持续多年，甚至终身存在。有报道显示，约70%的患儿症状会持续到青春期，30%的患儿症状会持续终身。如果没有及早治疗或者治疗不当，随着病情的迁延，可能出现自闭症、抑郁症、精神分裂、多种人格障碍等症状。

● 多动症的成因

（1）脑组织损害。多动症患儿脑中的去甲肾上腺素、多巴胺等脑内神经递质浓度偏低，削弱了中枢神经系统的抑制活动，使孩子动作增多。这种情况有可能是母亲怀孕时感染病毒、服药，或者新生儿窒息造成脑缺氧、脑损伤引起的，也可能是孩子头部外伤引起的。另外有数据显示，剖宫产和早产的孩子患上多动症的概率要比自然生产的孩子高。

（2）遗传因素。染色体异常、器官异常、精神病史等家族遗传因素，也会影响孩子的脑功能，导致多动。

（3）心理因素。心理因素也可能和多动症有关系，如家庭关系不和、父母离异、孩子缺乏父母陪伴爱护，会给孩子造成严重的心理阴影；羞辱打骂孩子、不当体罚、歧视，会给孩子重大的精神创伤；过度溺爱、百依百顺，会造成孩子缺乏自信，无法自控；对孩子过分挑剔苛刻、态度恶劣，会造成孩子长期压力过大，心理紧张。另外，学习压力过大也是孩子产生焦虑、发生行为紊乱的因素之一。

（4）重金属中毒。数据显示，很多多动症的患儿血铅浓度是超标的，这可能是由环境污染或饮食不当引起的。如食用过多人造垃圾食品，这些食品里面有过多的色素、添加剂、防腐剂等；或者过多接触质量低劣的玩具，也容易引起重金属超标。

（5）维生素缺乏。有些患儿有严重的食物过敏或者糖代谢障碍，从而引起多动症。

诊室中曾经有一名小患者名叫登登。登登当时就诊时是6岁，带他来医院的是爸爸和妈妈。从一进入诊室开始，登登就表现出明显的多动症状，一直坐立不安，无法安静。父母和医生交流的同时也在很严厉地制止登登，但是并没有什么作用。登登看上去非常不服气，但是又有点害怕父母，可是并没有停止乱动。

登登的情况，大概能判断出登登很可能是患上了儿童多动症。听了登登父母的讲述，更加明确了这个推断。

登登是典型的富二代，父母的生意做得很大。但是因为忙于生意，登登从小是由保姆带大的。妈妈因为怕疼选择了剖宫产，生下登登后因为担心哺乳引起身材走形，拒绝母乳喂养而选择了奶粉。

妈妈对保姆的要求也很高，登登6岁前，大概换过7、8个保姆。爸爸和妈妈经常因为生意离开家，或者让保姆带着孩子冬天去海南，为的是环境宜人，但是却让登登一直在变动的环境中长大。这些因素可能是引起多动症的诱因，医生首先建议登登采血检查血铅浓度，结果显示登登的血铅超标几十倍。经过医生的询问这可能和保姆放任孩子吃过多垃圾食品，以及家中堆满房间的玩具有关。登登最后被确诊为多动症。

这个案例为所有父母敲响了警钟，对孩子来说，**再多的财富都不如父母的亲力亲为、悉心养育更重要。**

● 区分多动与好动

活泼好动是孩子的天性。父母首先可以对多动症有一定的了解，避免因为知识储备不足导致孩子患有多动症而错过最佳治疗时机，但是也不希望制造无谓的焦虑。所以，区分多动与好动是很有必要的。家长可以通过以下4点来区分多动与好动。

（1）专注力。好动的孩子对感兴趣的事物能聚精会神，而多动症的孩子玩什么都心不在焉、无法有始有终。

（2）自控力。好动的孩子在陌生的环境里和特别要求下可以安静下来，而多动症孩子则做不到。

（3）目的性。好动的孩子的好动行为一般有原因、有目的，而多动症孩子的好动缺乏目的性。

（4）好动的孩子思路敏捷、动作协调、没有明显的认知思维缺陷，而多动症孩子的认知则有明显不足。

● 多动症的治疗

（1）首选药物治疗，孩子遵医嘱服药。

（2）选择物理治疗，如经颅磁刺激。

（3）运动。有研究证实，大部分多动症患儿的小脑没有适当地发挥功能，而人体的运动调节神经中枢位于小脑，通过适当的运动可以改善脑部功能发育，帮助多动症患儿的症状改善。

（4）行为治疗。行为治疗对改善儿童多动行为有明显作用。主要体现在自我管理、时间管理、学校及家庭行为控制等方面。

（5）神经生理训练。多动症归根到底是一种神经病学疾病，患儿有着明显的神经反应缺陷，所以神经生理训练对改善症状很有帮助。

● 如何与多动症孩子相处

（1）从小培养孩子一心不二用的习惯，培养孩子的专注力，尽量不去打扰破坏。

（2）对精力过剩的患儿，可让其多参加体育运动，消耗其过多的精力。

（3）避免歧视、羞辱、打骂多动症患儿，伤其自尊心。要发现孩子品质中的闪光点，及时给予表扬和鼓励。

（4）患儿如果有伤害他人、破坏公物、说谎逃学等行为，不可妥协袒护，要像对待正常儿童一样去对待他们。

心理小课堂

多动症的三大核心症状为注意力缺陷、多动及冲动，但是有的孩子以注意力缺陷为主，多动和冲动表现不明显，家长要注意观察。

4. 容易被忽视的自闭症

自闭症（自闭症谱系障碍），又叫孤独症或孤独性障碍，是广泛性发育障碍的一种亚型。一般起病于婴幼儿期，以男童居多。尽管在最新发布的自闭症症状标准中，已经移除了语言障碍，只有社交障碍（指患者不能与父母建立正常的依恋关系，不能与同龄孩子建立伙伴关系，不分亲疏，无拥抱、爱抚等需求，也不会对类似的感情交流表现出愉快与享受）和狭隘的刻板行为。但是，大部分自闭症患者都有语言障碍。有的患者不说话，也有患者反而是话痨，但都不会正确的表达。大概有3/4的患者伴有明显的精神发育迟滞症状，还有很少的一部分患者在智力低于常人水平的情况下，在某些方面却有较好的能力，甚至超出常人。

自闭症是一种在一定遗传因素作用下，受到多种环境因子刺激导致的弥漫性中枢神经系统发育障碍性疾病。就目前的医疗水平来说，痊愈的可能性非常低，但是及早在最佳年龄开始治疗，进行针对性的科学干预，可以让孩子的病情得到最大程度的改善。

自闭症是一种慢性疾病，越早开始干预，改善的效果越好。自闭症在人群中的发生概率并不低，就我国来说，有数据显示发病率不低于1%。但是由于缺乏了解，很多孩子没有得到及时治疗，而是被当作发育迟缓、智力障碍、精神问题、教养问题，耽误了很多的治疗时间。

● 自闭症的成因

引发自闭症的原因可能与以下4类因素有关。

（1）遗传因素。自闭症与遗传因素有明显的相关性。另外，父母高龄，孩子患自闭症的概率也会升高。

（2）早产儿和低体重儿患自闭症的概率较正常生产的孩子要高。

（3）感染与免疫因素。妈妈怀孕时受到感染与自闭症发生可能有一定的关系。目前已知的相关病原体有：风疹病毒、巨细胞病毒、水痘-带状疱疹病毒、单纯疱疹病毒、梅毒螺旋体和弓形虫等。

（4）孕期物理化学因素的刺激。妈妈怀孕时酗酒或者服用抗癫痫药物可能导致孩子患上自闭症的概率增加。还有研究显示，对孕期大鼠进行反复冷冻刺激，鼠幼崽也会表现出类似自闭症的行为特征。因此，预防是降低自闭症出生风险的重要措施。在妈妈怀孕早期，是胚胎神经的形成和发育期。孕妈妈应该避免滥用药物，特别是抗癫痫类药物；避免病毒性感染；避开冷热温差变化较大的环境；避免受重大精神刺激和创伤等。

● 自闭症的治疗

自闭症没有特效的治疗药物和特效治疗方式，只能及早发现，及早干预。治疗开始得越早，预后效果越好。目前最好的自闭症治疗方法应该是个体化的治疗方式，教育和训练是最有效、最主要的治疗方法。

（1）应用行为分析疗法（ABA）。根据行为主义，运用行为塑造原理，以正性强化为主要方式促进自闭症患儿各项能力发展。强调训练的高强度、个体化、系统化。

（2）孤独症以及相关障碍儿童治疗教育课程（TEACCH）训练。根据不同患儿的个人特点，设计个体化的训练内容，对患儿语言交流、感知觉运动等各方面进行针对性地教育，增强自闭症患儿对教学、训练内容的理解和服从。

（3）人际关系训练法。包括地板时光疗法、人际关系发展干预疗法。

除此以外，一些药物的使用可以缓解由自闭症引起的情绪问题和改善一些行为问题。如针对症状服用一些中枢兴奋药物、抗精神病药物、抗抑郁药物等，可以配合心理治疗合并治疗。

● 父母如何与自闭症孩子相处

自闭症的治疗与训练需要家长、学校、医生、社会共同支持。如果家长可以及早发现并采用合理的综合性治疗和训练，再以药物和心理治疗为辅助，自闭症患儿的症状是可能有显著改善和提升的。有相当一部分的患儿可以独立生活、学习和工作，特别是阿斯伯格综合征和高功能的自闭症患者，有很多甚至完成了大学的学业，可以进入社会完成工作。如门槛较低的服务员、清洁工，发展较好的烘焙师，编程工程师，有些自闭症患者甚至在国际上获得学术奖项。那么父母该如何与自闭症孩子相处呢？

（1）作为父母要对自己患病的孩子抱有宽容的心和发自内心的理解。父母给予关注才可能及早发现孩子的病。确诊之后父母需要接受事实，克服内心的不平衡，公平地对待孩子，用爱心、耐心和恒心去帮助孩子进行训练和治疗。

（2）注重异常行为的矫正。带孩子接受专业的诊断与训练，配合医生或者机构的训练计划。

（3）注意发现孩子身上的特别能力，培养特长，帮助孩子能力的转化。自闭症的孩子尽管综合智能低于常人，但是某些方面往往是有特长的。作为孩子最亲密的人，父母要关注这方面能力的发掘、引导与培养，将孩子的特别能力转化成可能立足社会的能力。

心理小课堂

作为自闭症孩子的父母会非常痛苦，孩子不仅仅有缺陷，还几乎与父母无感情交流。父母在照顾孩子的漫长日子里，很容易因为得不到感情上的反馈和支持而崩溃。因此，父母也要寻找对自己的帮助和支持。

5.爱"吃"手的心理密码

某些小宝宝长到3个月左右时，开始喜欢吃手。在不受打扰的情况下，清醒的宝宝可以一直躺在床上，只专注于一件事，那就是吃手。这种喜欢吃手，喜欢把任何东西都放入口中的时间大概会持续到2岁半左右。如果这个过程中受到了来自父母的制止，可能还会持续更久。心理师把这段时间叫做孩子的"口腔敏感期"。

●"吃"手意味着孩子口腔敏感期的到来

孩子的成长是有规律的，研究者经过多年对成千上万孩子的仔细观察，0～6岁孩子的快速发育阶段可分成若干个"敏感期"。所谓敏感期就是在某个阶段，孩子会自发地对某些特定的事物产生浓厚的兴趣，孩子会想办法让这种兴趣得到满足，直到这种兴趣或者敏感度降低，这个敏感期就消失了。每个得到充分满足的敏感期都可以让孩子在身心发展的路上前进一大步。

"吃"手就是意味着孩子"口腔敏感期"的到来。口腔敏感期的到来，吃手只是第一步。接下来孩子会对身边所有的东西感兴趣，都会尝试用嘴去感受一下。如，吃枕在头下的枕头，在妈妈抱着自己时吃妈妈肩上的衣服甚至拽着妈妈的头发尝一尝，当然玩具更是不能放过，都要一一品尝。

●"吃"手是孩子认识世界的第一步

孩子为什么会有口腔敏感期，为什么会吃手呢？事实上，只要抚养过这个阶段的宝宝，或者仔细观察过这个阶段的宝宝，家长心中就会有答案了。孩子出生时，是完全没有任何活动能力的。虽然这个阶段孩子可以听到声音，可以模糊地看到世界，但是这些都是被动的。直到3个月左右时，孩子终于可以通过努力稍微地控制自己的小手了，孩子可以将手放入口中，也可以抓握一些东西送到嘴里。"吃"成了这个阶段孩子认识世界的主要渠道。孩子"吃"手吃得认真并不是手有多么好吃，而是孩子通过"吃"手来感觉手，认识手。接下来还要"吃"更多的东西，认识更多的东西。"吃"手就是孩子认识接触世界的第一步。直到孩子可以更好地使用双手，慢慢利用手的接触与控制去认识世界，这时就进入了下一个敏感期——手的敏感期，口腔敏感期也就随之结束。**说到底，"吃"手是孩子在能力不足的情况下发展出来的最基本的认识世界的方法。**

● 口腔敏感期对孩子的心理影响

尽管现在的育儿知识已经得到大力推广，仍然有很多父母或者老人在带小宝宝时，不允许孩子吃手或者吃玩具。他们会一边说着脏一边将孩子口中的手拿出来。而孩子要么会锲而不舍地继续将手放入口中，要么会因为无法获得满足而哭闹。对于处于口腔敏感期的孩子，禁止他们吃手不利于孩子的发育。

6岁的嘉嘉被父母带到诊室就诊，原因是父母在嘉嘉身上发现了很多不合时宜的行为。

经过医生问诊，父母仔细地介绍了嘉嘉的情况：嘉嘉是家中的独子，父母都是受过良好教育的人，双方老人也很传统有爱。从嘉嘉出生起，妈妈就一直在家专心带孩子，双方老人轮流来帮助嘉嘉妈妈。虽然有了新成员，但是家中的事物一直安排得有条不紊，干净利索。嘉嘉3个月时，开始喜欢吃手吃东西，家里人都觉得这样太不卫生了，孩子还小，如果吃到细菌容易生病。就让老人专门看着嘉嘉，阻止孩子往嘴里放手。后来，害怕孩子吃到玩具，造成铅汞中毒，干脆将所有的玩具都收起来了。尽管这样严防死守，孩子总是一有机会就往嘴里放手、放东西。随着孩子长大，这件事好像成了家中的一个结，家长时刻在关注这件事。吃饭时，孩子舔下手也会被说，而嘉嘉在吃东西时也总是会第一时间观察家人的反应。现在，6岁的嘉嘉对食物非常感兴趣，他不会因为吃饱就停止进食，而是对食物特别感兴趣，如果父母不阻止，就会吃到难受为止，这让父母很迷惑和困扰。

让嘉嘉父母觉得该看医生的事发生在嘉嘉去幼儿园小朋友家中做客时。嘉嘉妈妈发现，嘉嘉去了小朋友家并没有好好和小朋友玩，而是一直想办法去吃小朋友家餐桌上的水果和点心。妈妈觉得他吃得太多了，制止过嘉嘉后，嘉嘉就开始偷偷地找机会去取。妈妈很生气，再想到孩子一直以来对食物不正常的渴求，嘉嘉父母觉得孩子应该是哪里出现问题了。

听完嘉嘉父母的陈述，笔者肯定了嘉嘉父母的判断，嘉嘉这种表现确实是有问题的，并不是嘉嘉身体出现了疾病。嘉嘉对食物的心理需求大于一般孩子，原因很可能就是口腔敏感期没有顺利过渡造成的。口腔敏感期家人阻止孩子吃手吃东西，致使孩子心理始终没有被满足过，现在才会出现对食物的过度渴求。在孩子心里"吃"从来都是被干涉的一件事情，越是这样越是想要满足自己。

口腔敏感期没有顺利过渡的孩子更容易抢别人的食物、随意拿别人的东西、过多地关注食物等。

● 父母如何面对处于口腔敏感期的孩子

（1）允许孩子吃手。了解孩子吃手的原因后，父母对孩子的行为有了正确的认识，就不会再为之焦虑担心。当孩子在吃书、吃玩具时尽量做到不制止、不吓唬、不干涉。

（2）利用孩子的口腔敏感期，让孩子更多地认识周围环境。对于确实不可以吃的东西，父母可以提前将这些东西收起来，只给孩子可以放心"吃"的东西。如给孩子干净的衣物、毛巾、擦拭干净的品质过关的玩具等。户外玩耍时，如果还想要"吃"树叶、石头等，父母要学会转移孩子注意力，给孩子示范其他方式去认识事物。如，孩子想要"吃"蒲公英，妈妈可以说："宝宝，看妈妈，这不是吃的，是吹的。"然后将蒲公英吹向天空，孩子就会学到正确的方式感受蒲公英。

心理小课堂

　　在口腔敏感期，有的孩子可能会出现咬人的现象，此时父母不要给孩子扣上不好的标签。这也是口腔敏感期的表现之一，是孩子体验世界的方式。父母需要做的是引导好孩子，告诉孩子这样做别人会疼，并给孩子一些适合咬的食物和玩具帮助孩子顺利过渡此阶段。

6.标准不一的"分房睡"

　　小婴儿一天天长大，他们学会走路说话，有了自己的小朋友，像个小大人一样，父母们可能就开始考虑什么时候和孩子分房睡了。关于何时分房睡，各路专家众说纷纭。曾经有很长一段时间非常流行一种国外的育儿方法，如孩子越是哭就越是不抱，不哭闹的孩子才可以得到父母的温暖怀抱。这种育儿方法就包含了分房睡的建议——从出生起就让孩子与父母分床睡，甚至分房睡，父母只通过监控来查看孩子的情况。这种育儿方法是基于行为主义建立起来的。行为主义的方法准确地说是在"训练"孩子，而不是"养育"孩子，它几乎不考虑孩子的心理和情感感受。虽然这种方法可以减少父母育儿阶段的麻烦，但是对孩子来说却是非常残酷、不人道的。长远看来，对父母也会造成很大麻烦。它让孩子从小就体验到与母亲分离的焦虑与痛苦，造成安全感不足。成年后也会在建立亲密关系等多方面出现问题，笔者在之前的章节就有过详细的讨论，这种养育方法使父母与孩子之间很难享受亲密的亲子关系。

　　专家们对分房睡的年龄有着各自不同的看法。有些专家认为在3岁左右比较好，有的认为在5～6岁，有的还认为可以延迟到10岁。因为各自的专业背景不同，每种理论都看似有其依据，那么，父母应该如何做呢？

● 孩子准备好了——分房睡的前提

　　父母可以将这些理论上的分房睡年纪当成参考，但是却不能要求孩子严格按照数字去做。孩子不是冰冷的机器，输入数据就去执行。一切的理论都是为现实服务的，何时分房睡最重要的决定者是孩子。

　　（1）孩子是否自己愿意

　　准备好和父母分房睡的孩子可能会自己主动提出。也有些孩子看到其他小朋友与父母分房睡或者看到影视作品中的小朋友有自己的房间时也会想照办。父母在孩子到一定的年龄也可以尝试提出分房睡的建议，如果孩子愿意尝试当然最好，但是如果孩子拒绝，特别是有些孩子反应特别强烈，父母不宜强硬要求孩子去分房睡。在孩子没有准备好的情况下，强迫孩子分房睡其实是一次小型的抛弃，是会对孩子的感情和心理造成伤害的。

诊室里曾经来过一对焦虑的父母和一个苦恼的孩子，孩子叫晓光。晓光父母带晓光看医生的原因是在孩子分床睡的过程中孩子非常抗拒，父母软硬兼施也没能成功。现在晓光不但不愿意分床睡，而且拒绝去上幼儿园，每天只想黏着爸爸妈妈。

医生大概了解之后，问晓光几岁了，爸爸妈妈回答说孩子4岁了。医生又问为什么一定要坚持让晓光和父母分床睡，晓光的父母回答说，因为在早教书上看到过，孩子长到3岁左右就应该和父母分开睡了，分得越晚可能造成孩子性格无法独立，而且孩子开始有了性的萌芽，觉得一直不分床睡会对孩子的正常性意识发育有负面影响。

笔者问晓光为什么不愿意上幼儿园，晓光回答说就想和爸爸妈妈在一起。

笔者对晓光的父母说，晓光明显还没有做好和父母分床睡的准备，强硬要求的结果就是让孩子的安全感缺乏，总是担心父母会离开自己。孩子的感受就是要被抛弃，这也是为什么孩子现在连幼儿园都不愿意上的原因，孩子觉得只有随时跟着父母，才不会被抛弃。孩子现在已经因为父母强迫和他分房睡而造成情绪上的焦虑和有了心理上的压力。父母一定不可以再强迫孩子，并且在很长一段时间里要给孩子充足的安全感，暂时也不要强迫孩子去上幼儿园了，否则孩子的心理创伤可能会更严重。什么时候分房睡要看孩子是否准备好了，而不是要求孩子去遵从书籍。

任何父母都不想因为分床睡这件事给孩子造成心理创伤，孩子小小的身体和心灵还需要妈妈爸爸的呵护，不要冰冷地把他们推开。

（2）孩子是否有了清晰的性别意识

决定分房睡的时间，父母一方面要在理论的指导下考虑孩子是否准备好，另一方面要考虑孩子是否有了明显的性别意识。如果孩子出现了不愿意让异性父母看到自己上厕所或者洗澡等行为，说明孩子已经开始有了比较清晰的性别意识，这个时候也是父母开始考虑和孩子分房睡的良好时机。

● 与孩子共筑安心小窝

根据孩子的喜好不同，父母可以和孩子一起打造孩子的小屋。如父母可以带孩子一起为孩子的小床挑选床单被罩等床上用品，还可以让孩子为自己选一个晚上抱着睡的玩偶，为孩子准备光线柔和的床头灯等。

● 分房睡也要有仪式

当确定孩子已经准备好可以分房睡了，接下来如何分房睡也是有讲究的。"分房"仪式就是很好地帮助孩子顺利过渡的好方法。父母可以与孩子共同决定分房睡的时间，如某个周末晚上，请孩子骄傲地在晚餐时间向父母宣布今晚开始就要成为一个大孩子自己睡了。父母要给孩子鼓励与热烈的祝贺，祝贺孩子的成长。同时父母可以送孩子一个礼物，如一个毛绒玩具，一本书，或者一顿孩子喜欢的美味佳肴等。这种仪式感会给孩子带来责任感、新奇感与愉悦感，让孩子更快适应一个人睡的变化。

有了这些循序渐进的准备，拥有充足的安全感和被关爱的孩子，很快就会顺利过渡到自己睡的阶段。

心理小课堂

"分床睡"的意义其实和"离乳"类似，如果操作不当，给孩子的伤害都是很大的，孩子会有被父母抛弃的感觉。所以父母一方面要给足孩子安全感，一方面要多些耐心，千万不要强迫孩子，给孩子造成严重的心理创伤。

7.教会孩子正确表达自己的愤怒

人们在形容一个孩子惹人疼爱时，总是会说这个孩子特别活泼可爱、听话懂事。当一个孩子发怒时，父母很少能做到淡然处之，因为在父母眼里，愤怒是一种具有破坏力的情绪，父母不希望看到孩子发脾气。

事实上，愤怒是人体对自身痛苦的一种自然反应，和哭泣类似。小婴儿时期，面对痛苦的反应就是哭泣，因为小婴儿还不会愤怒。随着心智的成长，孩子有了自己的思想，在面对痛苦时可能就会出现愤怒。这种痛苦不仅仅指身体的痛苦，还可能包括心理上的痛苦，如委屈、失望、屈辱、惭愧等。愤怒可以冲淡一些"受伤害""不公平"的感觉，愤怒可以给人力量去维护自己的利益，去保持自己的尊严，去反抗不公的待遇。所以，**愤怒的存在有正面意义，是人正常的情绪表现**。父母不应该教育孩子任何时候都不要愤怒，这是不人道的。这一点，很多父母需要注意。

愤怒是人类正常情绪的一种，但是，如果无法正确地处理愤怒情绪就可能被它冲昏头脑。不被控制的愤怒可能具有惊人的破坏力，**家长要避免的是孩子错误地使用愤怒的力量。**

一对父母带着儿子来看心理医生，孩子5岁多，名叫小卓。小卓来看医生的原因是小卓是幼儿园里甚至小区里的小霸王，其他小朋友都不敢和他玩。小卓的父母也不知道如何帮助小卓。

经过仔细的问诊，医生了解到：小卓的父母生孩子时年纪已经不小，所以小卓的出生是两家人的大喜事。爷爷奶奶、姥爷姥姥都轮着帮忙来看孩子。从小对小卓的养育也是非常精心，小卓有什么要求都尽量满足。因此小卓也比同龄的小朋友长得要高大强壮。随着小卓的长大，孩子开始有了自己的小伙伴，小伙伴之间难免会出现抢东西、推搡等行为。和其他家长的教育引导不同的是，每次小朋友之间发生小摩擦，小卓的家长都会站出来批评对方小朋友，因此和其他小朋友的家长弄过几次不愉快。慢慢地其他小朋友的家长也就不再让孩子和小卓玩了。进入幼儿园后，依然如此，小卓长得高，有时候会撞到别的小朋友。当老师告诉小卓父母回去提醒小卓注意一点时，小卓的父母就很强硬地表示自己的孩子并不是故意的，不应该受到这样的针对。逐渐懂事的小卓觉得自己总是有父母的撑腰，开始故意欺负小朋友，结果就是越来越没有人和他玩。小卓的脾气也因此越来越大，小卓认为"你们越不和我玩，我越欺负你们，反正你们都没有我强壮。"但是失去朋友的小卓并不开心，更喜欢发脾气了。结果就是脾气越差，小朋友们越远离。后来发展到在家中也总是大闹，父母实在不知道有什么办法了，就请医生帮助。

孩子现在还小，很多道理他不知道。但是一些错误做法造成的后果却是需要孩子去承担的。就如案例中父母的养育方法让孩子的行为得不到及时的调整，导致孩子不能适应群体生活，表面上孩子没人敢欺负，但是却失去了交朋友的乐趣。

人都有喜怒哀乐的情绪，其中愤怒是很重要的一项。一个不会愤怒的人是不存在的，愤怒也不是不可接受的情绪。就如父母希望孩子可以表达自己的喜悦与哀愁一样，我们应该同样教会孩子正确地表达他的愤怒，而不是忍耐或者变成发泄式地爆发。

● 请孩子思考并用语言说出自己愤怒的原因

在心理学上，愤怒被认为是人的二级情绪的一种，即愤怒一般是由一级情绪引起的，如快乐、悲伤等。但是人处于愤怒时，很少考虑到自己愤怒的根本原因是什么。而只有处理好那些引起愤怒的一级情绪才可能真正地消除愤怒的原因。所以，父母从小就要引导孩子在愤怒时，仔细体会自己的情绪，思考究竟是什么让自己如此愤怒。

父母可以说："孩子，我知道你现在很愤怒，你可以告诉我你为什么愤怒吗？"请孩子尝试用语言说出自己的愤怒和其来源。在这个过程中，最剧烈的情绪波动已经过去了，可以避免孩子在愤怒时做出失去理智的事情。帮助孩子学会这个方法，可以很好地提高孩子处理情绪的能力。

● 教孩子学会几个纾解怒火的动作

在愤怒的当下，孩子很可能无法控制自己停下来去思考自己为什么生气。那么，父母就要教会孩子在怒火燃烧时适当地表达。如果很难做到用语言表达，就使用适当的肢体表达。找到一些适当的行为代替使用暴力、摔东西、大喊大叫等行为，我们推荐以下3类方法。

（1）大口吸气，大口吐气。其实就是深呼吸的一种更容易让孩子操作的说法，有助于排解压力。

（2）用力跺脚。让孩子在生气时，使劲地跺脚，发泄掉一部分的怒气。

（3）一手握拳，一手手掌张开，互击。这个动作不仅仅是自我调整，也可以对矛盾的另一方起到震慑的作用，让对方知道"我"生气了，请停止这种让我愤怒的做法。

度过了情绪最激动的时刻，还是请孩子认真梳理自己的情绪，找出原因，用语言表达出来。经过训练的孩子，会成为一个控制情绪的高手。也就是人们常说的"高情商"的人，而不会成为情绪的"奴隶"。

心理小课堂

心理学上将事情发生时直接产生的情绪称为一级情绪，如快乐、悲伤；而由一级情绪引起的情绪叫做二级情绪，如愤怒、尊敬等。

🌷 8.留守儿童需要更多关爱

留守儿童指的是不在父母身边生活的儿童。一般来说，父母连续外出务工3个月以上，由父、母单方或者其他亲属监护的儿童，都可以被称为"留守儿童"。

留守儿童在我国是数量非常庞大的一个存在。近年来，留守儿童这个群体也得到了大众越来越多的关注。他们无疑是社会中的弱势群体，常年得不到父母的关爱，与祖父母之间存在隔代隔阂，因此心理状态出问题的孩子也较多。

精神科病房里有一个男孩子，名叫小洋，15岁，高中一年级。住院是因为被诊断为精神分裂。小洋是个很安静的男孩，文质彬彬。看着人时总是带着浅浅又羞涩的微笑，话少，和人说的每句话都会先思考一会，然后看着你的眼睛很认真地回答。

小洋是典型的留守儿童。他刚出生不久，爸爸妈妈就把他托付给老家的爷爷奶奶照顾。父母常年在外打工，每年有两次机会回家，加起来不到1个月。小洋一直是个懂事安静的孩子，在学校努力学习，从来不与同学起争执，但是也没有什么特别亲密的朋友。在家里很懂事，会帮爷爷奶奶做家务。虽然很少交流，但是爷爷奶奶说他们基本不用为小洋操心什么。在小洋10岁左右时，爸爸妈妈又生了弟弟，因为爷爷奶奶年龄大了，精力有限，弟弟是随父母生活的。小洋因为转学不方便仍然跟着爷爷奶奶生活。小洋虽然从来没有抱怨过什么，但是爷爷奶奶说从那以后经常会看到小洋看着全家福默默发呆。上高二时，小洋越发沉默寡言，问他为什么，他说不需要说话，他可以用脑电波与别人进行交流。这时，家人才知道小洋生病了。

住院期间，小洋经常提起爸爸妈妈和弟弟，会担心自己生病给父母添麻烦，计划出院了会好好学习，大学考到父母打工所在的城市，会担心弟弟淘气不好好学习。我们看在眼里真的很心疼这个懂事的孩子。经常会讨论如果小洋从来没有和父母分开过，现在会是什么样子呢？他的童年和少年一定不会这样孤独地度过吧。

上面的案例中，笔者不能断定小洋的精神分裂症一定是由于从小与父母分离引起的，但是小洋内向、孤独、特别懂事、没有亲密朋友这些性格特征却一定是和这段经历分不开的。小洋的父母现在很自责，积极配合医生治疗。但是医院能做的仅仅是治疗小洋的病，而由于小洋童年父母的缺位给他带来的负面影响却是很难消除的。

● 留守的弊端

留守的弊端涉及方方面面，笔者大概总结出以下3点。

（1）年幼的孩子缺乏关爱照料。孩子未成年时在各个方面都需要成人帮助和引导。而大量的留守儿童缺乏成人关照，生活状况令人担忧，也因此发生过很多让人痛心的事故与意外。

（2）生活环境恶劣。外出务工的家庭大多在经济欠发达的地区，生活环境差。父母离开家后，只有孩子及老人留守，更是缺乏改善环境的能力，孩子只能在恶劣的环境下生活。孩子生活的各个方面，包括温饱、卫生、医疗、教育等都有巨大的欠缺。

（3）心理易出现问题。在年幼的时候与最亲爱的父母分开，这对孩子内心无疑会造成巨大的创伤。缺少关爱，对父母的思念，与祖父母间的隔代隔阂，孤独，都会造成孩子的性格阴影。很多留守儿童都有敏感、孤僻、自卑的性格特点，发生心理问题的也不在少数。

因为大环境的原因，现在有很多父母和孩子从小就要分开，父母的不舍与思念可想而知。对于孩子来说这种分离带来的伤害更是不容忽视，它不仅仅会影响孩子的情绪，还会影响孩子的性格和人格。

尽管有不少无奈和苦衷，但是请父母想清楚，幼时孩子与父母分离，对孩子一生的负面影响难以估量。千万不要以为小时候请人照看孩子，可以等长大了再好好补偿孩子。父母缺席的童年是无法补偿的，情况严重的话将会给整个家庭带来巨大的负面影响。**父母们请尽量克服困难，将满足孩子与父母在一起的需求放在第一位。**

● 留守的补偿策略

孩子在如花般的年龄本应该快乐茁壮成长，父母不应该让留守儿童成为时代的牺牲者。当这种分离在所难免时，父母可以做些什么减轻分离对孩子造成的伤害呢？

（1）一定要有一起生活的经历。孩子年幼时尽量多陪伴，避免一出生就将孩子托付给别人养育。尽量延长自己亲自照顾孩子的时间。尤其是在孩子0～6岁这个阶段。

（2）将孩子交给熟悉的、固定的人照料。父母离家时，要选择与孩子关系亲密的，可以稳定、长时间照顾孩子的人作为养育者。代为照管的人要真心关爱孩子，并且是孩子熟悉、信任、喜爱的人。

（3）与孩子保持高频度的视频或电话。如果不能在身边陪伴，也不能放弃自己关爱孩子的责任。尽量保持每天与孩子联系一次，关心了解孩子的生活与心理动向，成为孩子可以倾诉的人。

（4）尽可能多地回家看孩子或接孩子到身边。把陪伴孩子当成一件重要的事情看待。

心理小课堂

留守儿童是急需社会关注的群体。作为父母首先要了解及掌握儿童留守的弊端与补偿策略。希望所有的孩子都能在父母的身边快乐成长。

第八章

成长是最好的礼物，
陪孩子走好幼儿园那三年

1.如何选择幼儿园

从呱呱坠地的小婴儿到能跑会跳、能说爱笑的小男孩、小女孩，家长付出了多少心血又收获了多少幸福只有自己知道。3岁，一个特殊的年纪，3年来一直依赖父母的小宝贝要第一次离开父母进入到他们自己的小群体生活了。父母既骄傲又担心，为孩子选择一个好的幼儿园是所有父母都要经历的一个过程。那么，如何选择一所适合孩子的幼儿园呢？笔者给出以下几点建议。

● 永远的第一考量——安全

笔者这里提出的安全是特指身体的安全。父母去考察一个幼儿园首先要考察幼儿园的环境是不是能满足3岁小孩的安全需求。它包括：幼儿园所处的位置，是否远离交通干道或者是否有完备的隔离设施与交通干道隔开，幼儿园附近是否有排污工厂等可能污染空气的建筑，幼儿园是否有很多容易摔伤的硬化地面、尖角利器等，玩具设施是否有安全隐患，如破裂、松散，台阶设计是否适合小孩子的身高腿长等。用心的父母都要注意这些细节。

● 关键人物——带班老师

上一条笔者强调身体安全，第二条就是心理健康。父母了解一个幼儿园不仅仅要看幼儿园宣传的专家、顾问、管理者的资历，与这些相比，亲自带孩子的老师更加重要。因为现在幼儿园的招聘标准，就专业知识来讲，教3～6岁的孩子都没有问题。但是亲自带孩子的老师是否情绪稳定，是否对孩子有耐心、有爱心却是孩子在幼儿园能否快乐成长的关键。

另外，老师本身对于"关爱孩子、尊重孩子"和"秩序建立"两者之间的平衡的把握也是非常重要的。一般有经验的老师更擅长这两者的平衡。家长应该把这一点也列入考量范畴。

● 幼儿园的教学体系类型

幼儿园的类型现在有多种，父母要提前了解所选择的幼儿园教学体系。

传统的公立幼儿园特点是师资稳定，饮食安全，按照国家标准的教学体系，但是相应的所学的知识有限；私立幼儿园有蒙特梭利园，特点是混龄育儿，以尊重孩子天性，激发孩子创造力为原则，但是在与小学衔接方面可能需要父母提前准备；双语幼儿园及全英文幼儿园则以语言教育为特长，对于孩子英文的学习比较重视，其他方面的知识也会教不少，如到大班会学习拼音、数学等，为幼升小做准备。但是非公立幼儿园就需要父母用心考察，不要仅听幼儿园的宣传，避免鱼目混珠。

● 幼儿园的硬件条件

幼儿园的硬件条件也是需要考虑的，包括是否有国家批准的办学资质；是否有足够大的户外活动场所；活动场地是否有充足的阳光照射；每个班的师生配比；幼儿园的餐点质量，如是否有幼儿园自己的食堂；是否有合适的午休时间和场地；其他的幼儿园配备，如教具、玩具、绘本书籍、配套乐器等，家长都要有所考量。

● 幼儿园与家长的互动性

幼儿园与家长的互动情况也是家长选择幼儿园的重要指标。因为3～6岁的孩子可能还不能完全地描述出一天的生活及发生的事情。在这种情况下，父母想要了解孩子在幼儿园的情况，就需要幼儿园老师与家长的良性互动。幼儿园最好有合理又成熟的家园共育体制，不但能缓解父母的焦虑，也能帮助父母了解自己孩子在幼儿园的情况。

● 幼儿园与家的距离

从现实角度讲，还有一点非常重要，就是幼儿园离家的距离。太远的幼儿园尽量不选。因为幼儿园是要上3年的，太远的幼儿园对家长的坚持和精力投入是一个巨大的挑战。为了不迟到，也会牺牲孩子的一部分睡眠时间，而睡眠对于3 ~ 6岁的孩子是非常重要的。所以不建议选择太远的幼儿园。

● 教育理念的契合

选择幼儿园，归根结底是家长选择一个与自己教育理念相符的幼儿园。如信奉"快乐教育"的家长就不要把孩子送入重视规则、纪律性强的幼儿园；认可孩子从小应该建立有规律的行为模式，担心孩子进入小学不能适应规则的家长就不要将孩子送入提倡尊重天性，强调发展创造力的幼儿园。

曾经在诊室里遇到过将女儿送入国际幼儿园的父母。因为自己本身出身寒微，通过不懈努力取得了事业的成功，为了让孩子接受国际化的教育而将自己的女儿送入了国际幼儿园。但是国际幼儿园鼓励孩子释放天性，发展创造力的教育理念却并不被这对父母认可。看到孩子的随意与"没有规矩"让这对父母非常焦虑，总感觉这样不行，所以就忍不住会去指正孩子。早已习惯了学校教养方式的孩子自然不会轻易改变，慢慢地父母变得越来越愤怒，面对孩子的日常状态经常是讲道理，限制与指责孩子。时间久了，不但父母不开心，孩子也越来越逆反，亲子关系也急速恶化，孩子在家里时家庭氛围总是很紧张。

这就是父母与所选幼儿园教育理念不一致造成的麻烦。所以，不论别人怎么说，父母了解自己的教育理念是最根本的。

心理小课堂

　　出于对孩子的爱，父母对幼儿园的选择会非常慎重。从了解各个幼儿园到最后选定一般会经历半年到一年的时间，在众多幼儿园中选择出适合孩子的幼儿园十分不容易。抓住3～6岁孩子成长最需要的关键因素，了解孩子的性格及需求，会帮助家长做出选择。

2.如何面对孩子初入园的"分离焦虑"

经过层层把关选择幼儿园，家长终于下定决心选择了一个相对最合心意的幼儿园，接下来就是等到开学那天，高高兴兴地把小宝贝交到老师手里了。可是，事情真的会这样简单、顺利吗？答案是否定的。几乎所有的孩子开始进入幼儿园都会抗拒，会哭闹。这个阶段可能持续1周也可能持续1个月甚至整个新学期。所以，父母要做好准备。

● 什么是分离焦虑

几乎所有的父母和幼教老师都听说过"分离焦虑"，也都知道孩子在刚入园时几乎都会经历这个阶段。究竟什么是"分离焦虑"呢？

分离焦虑是指婴幼儿因与亲人分离而引起的焦虑、不安、或不愉快的情绪反应，又称离别焦虑。

孩子一直以来都待在父母身边或者其他养育者身边，突然换到一个陌生的环境，父母不见了，身边是一群陌生的人，孩子焦虑、害怕是正常的。大部分孩子可以在老师的引导下逐渐转移注意力，慢慢平复情绪。一段时间后孩子就会适应幼儿园的生活，这是孩子成长的重大进步。

● 警惕"分离焦虑障碍"

每年新生入园，总有些小朋友的分离焦虑特别严重。可能在幼儿园的一整天都在哭闹，不吃饭，不参加游戏活动，拒绝交流，不停地找妈妈。这种情况可能持续数周不见好转。如果是这种情况，老师就要注意了，要及时和父母沟通，警惕孩子是"分离焦虑障碍"。

分离焦虑障碍属于焦虑障碍的一种，简单的理解就是孩子因为害怕与亲密的人分离，表现出严重的焦虑反应。而这种反应明显超出了同龄孩子的一般程度或者孩子出现了明显的社会功能损害。如果这样的情形持续超过1个月，就要考虑孩子是不是属于"分离焦虑障碍"。

3岁2个月的小男孩小庭进入了幼儿园小班，全家人都非常重视，做了充分的准备。开学那天全家人高高兴兴将小庭送入了幼儿园。虽然小庭哭闹不止，父母还是狠狠心走了。大家都以为小庭过段时间会适应，结果这一闹就是1个月。小庭每天在幼儿园什么都不做，不和小朋友玩，对玩具和游戏也不感兴趣。他只是一直坐在角落的小板凳上哭，哭累了就看大家，老师怎么想办法小庭都不离开小板凳。1个月过去了，小庭虽然不再不停地哭，却依然不参加集体活动，仍然是坐在小板凳上。除了保育老师，不与任何人说话，保育老师走到哪里小庭就跟到哪里。整个学期都是这样的情况。

小庭很有可能患上了分离焦虑障碍。分离焦虑障碍的表现：①不愿意和父母（或者其他亲密的养育者）分离。这种不愿意不仅仅是不开心，还常常拽着妈妈不撒手，躺地上哭闹，歇斯底里，孩子看上去非常痛苦等行为；②和父母分开后，孩子可能会非常担心父母不来接他了，抛弃他了，或者对新环境各种担心，容易联想灾难。如担心幼儿园着火，或者在父母接他的路上出车祸了等，这种焦虑是超出正常程度的；③患上分离焦虑障碍的孩子，一旦处于焦虑中很难将他唤醒，如一般的小朋友会因为老师讲有趣的故事，发好吃的东西而分散注意力，从而停止哭闹和焦虑。但是有分离焦虑障碍的孩子不会受这些事件的影响，可以持续地沉浸在负面的情绪中，不吃不喝不玩不睡，其社会功能都受到了影响。有的孩子甚至可能出现身体不适的症状，如头疼、呕吐、肚子疼等。

不是每个孩子都会有"分离焦虑障碍"，它与下面3个因素有关。

（1）与孩子的天生气质、遗传因素相关。如果孩子的天生气质是抑郁质，在面对与父母的分离时，反应可能比其他气质类型的孩子更大，持续时间更久；还有的孩子天生是焦虑型人格，也更容易发生分离焦虑障碍。

（2）与安全感的缺失有关。分离焦虑障碍常常跟不安全的亲子依恋关系高度相关。如果孩子在上幼儿园前的生活环境无法给孩子充足的安全感，在环境发生变化和短暂分离时就容易引起孩子超乎常人的焦虑。如，经常搬家或者父母关系不睦都可能造成孩子安全感缺失。

（3）与孩子适应能力差有关。在上幼儿园前，孩子的成长环境过于简单，也容易使孩子无法顺利适应新环境。如从小很少参加群体活动，没有相对固定的小玩伴等。

● 如何缓解孩子的分离焦虑

分离焦虑的缓解，最根本的是从小建立起来的安全感和健康成长模式。

（1）从小给足孩子安全感。孩子的依恋关系有3种。

① 安全型依恋关系：这样的孩子安全感充分，即使暂时与父母分开，也可以信赖他人，有信心等父母来接，可以很快地适应新环境。

② 回避型依恋关系：因为家长的养育过程很少表达对孩子的爱与鼓励，孩子得不到充分的情感回应。为了避免受伤害，而通过"回避"的方式来保护自己。这样的孩子入园后，反应平淡，可能不哭，其实是通过回避的方式来隐藏自己内心的不安。

③ 焦虑型依恋关系：这样的孩子在妈妈离开时会非常焦虑。但是当妈妈在时，他也不能安心玩耍，会担心妈妈走掉，而且还会对妈妈之前的离开不满。

回避型和焦虑型孩子都是安全感缺失所导致的，所以，从小培养孩子的安全感是非常重要的。至于如何培养孩子的安全感，笔者在本书开头的前几章中都有提及。

（2）从小引导孩子多参加活动，多交朋友。父母要多带孩子参加户外活动，多交朋友，邀请小朋友到家中来做客，也带孩子去别的小朋友家做客。让孩子从小就有结交新朋友的社交技能，这会大大降低孩子入园时的焦虑感。本身不爱交际的父母尤其要注意这点。

（3）向孩子多描述有趣的幼儿园。家长要提前给孩子建立起"3岁的小朋友都要上幼儿园"的概念。平时多描述幼儿园的有趣，如幼儿园有很多的小伙伴、玩具、美食和丰富的活动等，或者带孩子去幼儿园附近逛逛，看看园中小朋友快乐地玩耍，让孩子对幼儿园有期待。

（4）配合老师，尽快帮助孩子建立新的稳定依恋关系。选择好幼儿园和老师后，就要信任老师，与老师配合，让孩子与老师尽快建立新的稳定的依恋关系。这是缓解孩子分离焦虑的重要一步。

（5）自理能力的培养。孩子在幼儿园，不可能像在家中一样被一个或者几个成人同时照顾。如果孩子的自理能力差，进入新环境就很难适应。所以，入园前培养孩子的独立能力很必要，如自己会吃饭、洗手、穿鞋等简单的行为，这些可以帮助孩子更快地融入幼儿园生活。

心理小课堂

缓解孩子的入园焦虑，其实更多的功夫都是从小做起的，很多方面从小注意，孩子进入幼儿园就不会成为一个问题。

3.寄宿幼儿园的利与弊

寄宿制学校是可以负责孩子全天托管的学校，包括晚上睡觉。每周周末或者每隔半个月、一个月放一次假，某个时间段孩子才可以回家。基本上所有的大学都采取寄宿制管理，有些中学也采取寄宿制，为的是方便学生统一的学习管理。现在，为了满足某些家长的需求，寄宿制的幼儿园也应运而生了。家长都已经了解，0～6岁是孩子建立安全感、信任感及亲密亲子关系的关键时期，在这个年纪把孩子送到寄宿制学校究竟有哪些利与弊呢？

● 0～6岁孩子上寄宿幼儿园的益处

（1）解决了父母的问题，省却了父母的麻烦。一般来讲，0～6岁的孩子还处于懵懂天真的幼年阶段，没有能力独立生活，甚至连最基本的自我保护能力都没有，是最需要父母的阶段。这个时候将孩子送入寄宿学校一定是出于父母的需要。不论是因为家中父母没有条件养育孩子还是父母的教育理念如此，主要是在解决父母的问题，满足父母的需求。所以0～6岁孩子上寄宿学校的第一个好处就是解决了父母的问题，省却了父母的麻烦。

（2）有利于培养孩子的独立能力。进入寄宿幼儿园就意味着孩子进入了群居生活。无论老师多么爱孩子，能分配到每个孩子的精力有限。那么，孩子就要学会自己照顾自己，独立能力必然会快速提高。上寄宿制幼儿园的孩子回到家中都会令亲友赞不绝口，小小年纪就已经很懂事，自己铺床叠被，自己洗衣服，还会帮助父母扫地等。比起在家中和父母撒娇的孩子，上寄宿幼儿园的孩子独立能力太强了，但这种赞扬中难免掺杂心疼与无奈。

（3）有利于培养孩子的社交能力。孩子进入寄宿制幼儿园就意味着进入了一个小社会。如果想要过得好，孩子要学会与同吃同睡的小朋友相处，也会知道自己怎样做才受到老师以及保育员的喜爱。这些问题与父母一同生活的孩子虽然也要去考虑，但毕竟每天回家后还可以向父母请教或求助，有情绪或者困扰时也可以得到及时的纾解。但是寄宿幼儿园的孩子更多的时候需要自己消化。与其他孩子相比，在寄宿制幼儿园生活的孩子更加懂得调节自己与他人的关系。

● 0～6岁上寄宿幼儿园的弊端

（1）对孩子安全感、信任感的建立有非常负面的影响。经过前面许多章节的描述，父母已经知道0～6岁这个阶段对人的一生有着非常重要的意义。这是人一生中最需要父母的阶段，错过将很难弥补。如果这个阶段孩子与父母分开，对其安全感和信任感的建立会有很重大的负面影响。父母可能觉得找一个好的寄宿学校，给孩子丰富的物质保障还可以让孩子得到科学有序的锻炼，各方面能力一定会得到更大的提高。但是**这个阶段孩子最重要的科学养育法则是——父母的用心陪伴**。没有这点，再好的条件也只会让孩子成为一个内心脆弱、外表坚强的人。因为只有父母的爱与陪伴才是充盈孩子内心的力量源泉。

诊室里来过一个小女孩，5岁，名叫小橙。小橙长得非常漂亮可爱，穿着打扮也很精致清爽。陪她来诊室的是一对比较年长的夫妻，大概60岁的样子。一开始我们以为是小橙的姥姥姥爷或者爷爷奶奶，经过介绍后才知道是小橙的大伯和大伯母。

医生有一丝疑惑，经过问诊后了解到：小橙的父母是一对非常成功的生意人，小橙出生后因为父母忙于生意，而且妈妈怕身材变形，一天母乳都没有喂过小橙，小橙一直都是保姆带大的。这期间，父母经常去别的城市出差，小橙经常一两个月见不到父母。妈妈因为害怕小橙和保姆关系更亲，会定期给小橙换保姆，每次小橙都会哭得歇斯底里。

小橙的大伯和大伯母因为退休在家，空闲时间比较多，会经常去看望小橙，因此，大伯和大伯母反而成了小橙最亲密的人。每次见到大伯和大伯母，小橙都一直窝在他们怀里，哪里都不去，分开时都要大哭一场。小橙到要上幼儿园的年龄，父母四处打听给孩子在北京找了一个非常昂贵的国际幼儿园，可以寄宿。于是小橙就离开家来到了寄宿幼儿园。但是适应得很不好，不愿意参加集体活动，白天晚上都抱着自己的小布偶不撒手，也不愿意和老师交流，想尽各种办法也不见好转。忙于工作的父母只好拜托大伯和大伯母带小橙就医。

了解了这些以后，笔者觉得非常揪心，小橙的症状就是典型的因为安全感、信任感不足引起的适应不良。虽然为人父母不应该放弃自己的全部服务于孩子，但是完全不考虑孩子的感受，这种做法让人不能认同。

（2）亲子关系淡漠。因为有血缘的关系，亲子关系本应该是这世上最深刻、最亲密的关系。但是如果在孩子最需要父母时，父母缺位失职，这种天然的联系反而可能成为最伤人的利器。**0～6岁阶段父母的缺位，孩子体验到的就是"被抛弃"。**这种感受可能会伴随其终身。即使成年后，理性告诉自己父母有他们的原因与苦衷，理智上可以原谅，但是感受却无法就此一笔勾销。幼时的隔阂可能将带来终生的亲子关系淡漠。

（3）可能是孩子和父母一生的遗憾。仍然有很多父母认为，孩子还小，与父母短暂分开，只要他的生活能得到妥善的照料，和老师及小朋友逐渐熟悉，慢慢会习惯的。确实如此，强大的生存本能会让孩子熬过痛苦，最终适应。但是这种幼年的心理伤害要甚于任何成年后的心理伤害，可能会跟随人一生，影响着人的性格、思维方式、做事方法，会影响其所有重大的人生选择，甚至有可能在未来的某一天，这种伤痛会让人患上精神类疾病。

比较将0～6岁的孩子送入寄宿幼儿园的利与弊，弊端更大，影响更深远，而那微乎其微的"利"却可能伴随更多的、暂时看不到的弊。所以，**心理师建议父母不要将0～6岁的年幼孩子送入寄宿幼儿园。**

心理小课堂

有一种极端的说法，将寄宿制幼儿园比喻为"高级孤儿院"。虽然夸张了些，但是这种比喻却也很直接地抓住了寄宿幼儿园的特点。将孩子送入寄宿幼儿园对孩子心理的伤害可以与留守儿童经历的伤害比肩。

4. 不要做个旁观者，主动和老师"家园共育"

所有对幼儿园有一定了解的父母都听到过"家园共育"这个词语。顾名思义，"家园共育"是指幼儿园与家庭共同合作完成孩子的教育工作，幼儿园与家庭是平等、互相尊重的合作关系。幼儿园要在获得家长的理解和支持的情况下，帮助家长提高教育能力，合理充分地利用家长的教育资源；而作为家长则要主动积极地配合幼儿园的家园共育活动，为孩子的成长助力。

● 不同父母对家园共育的态度

对于"家园共育"，基本上家长持两种态度。一种家长认为家园共育非常有必要，这是非常好地了解孩子、了解老师、了解幼儿园的机会，这类家长对于幼儿园的各项活动会尽力配合，积极参与；另外一种家长，认为孩子送到幼儿园了，就是把教育孩子的责任拜托给幼儿园了，成天让家长弄这弄那是幼儿园在逃避责任，因此对幼儿园的活动总是很抵触。第二种父母的想法和做法是需要改变的，**家园共育是通过幼儿园和家庭的合作能够更好地养育孩子，这个方法有很多益处。**

● 家园共育的好处

（1）通过对幼儿园的了解，增进对孩子的了解。孩子入园后，父母想要了解孩子在幼儿园的生活，通过问孩子接收到的信息非常有限。家园共育是父母了解孩子每天在园生活情况的重要渠道。通过家园共育活动，家长可以了解孩子在幼儿园参与的主题活动，孩子各方面能力的展示情况，另外孩子每天吃些什么东西，喜欢参与哪些游戏，和小朋友互动如何都可以通过家园共育活动了解。

（2）帮助孩子更好地融入幼儿园生活。家园共育活动本身是帮助孩子融入幼儿园的良好方式。一个主题活动，通过"幼儿园老师+孩子+父母"三方共同努力完成，这个过程本身对孩子来说就很有意义。不但有趣，还在其中灌注了合作、分享的意义。孩子会逐渐将幼儿园生活看成是自己非常重要的一部分。

（3）增加了与老师的互动，帮助老师更好地照顾孩子。家园共育活动为家长和老师提供了更多的沟通合作机会，让双方更加了解彼此。这对商讨更适合孩子的教育方式是非常有利的，最大的受益者是孩子。

（4）帮助建立更亲密的亲子关系。父母会发现，孩子对于父母可以参与到家园共育的活动中是非常开心的。简单地说，能在幼儿园看到父母，或者在父母陪伴下共同完成幼儿园的主题活动，孩子会感受到父母对自己的重视。这个过程本身就是一次高质量的陪伴，有助于建立亲密良好的亲子关系。

（5）给孩子树立积极参与集体活动的榜样。父母积极参与到家园共育活动中，给孩子树立了积极参与集体活动的榜样。孩子将来对于班级活动会有参与的热情，直至成年后也会积极地参与到群体活动中，这将会成为孩子非常优良的社会交往品质。

（6）帮助孩子建立自信心。父母积极参与家园共育活动，孩子会在每次活动中全情投入，与父母共同完成的任务可以让孩子有很多内容与老师和小朋友分享，非常有助于孩子自信心的建立。相反，父母抵触家园共育活动，会让孩子在活动中感受到无奈和自卑，没有自信。所以，抵触参与家园共育活动可能对父母没有什么重大影响，对孩子的影响却很大。

在医院的病房里有一个姑娘玫玫，13岁，初中生，但是已经因为抑郁症与强迫症住进了病房。玫玫来自一个农村家庭，家中条件一般，还有一个弟弟。尽管由于经济所限，父母不能投入很多精力培养玫玫，但是玫玫非常努力聪明，从小在班上都是学习最好的。除了上学，玫玫还要帮助家里做很多的家务并且照看弟弟。

玫玫的父母是典型的重男轻女思想，有限的条件都理所当然地首先考虑弟弟。玫玫尽管很听话懂事，但是长期在这样的环境下，聪明敏感的玫玫患上了抑郁症和强迫症。由于从小不受重视，各方面条件在班上都是最差的，玫玫在班里同学面前唯一的尊严都来自优异的学习成绩。病情稳定后，玫玫向我们讲述了很多童年的经历。

从玫玫上幼儿园开始，班里所有需要父母配合的活动，玫玫的父母从来没有参与过，不管是小手工还是搜集素材，甚至玫玫的父母从来不参加家长会。开始，玫玫还会因为这个不开心，哭闹，想让父母抽时间参加，但是父母总是以有事为名拒绝参加。慢慢地玫玫知道，父母是因为不重视才总是不参加的。时间久了，这种事情多了，玫玫也就接受了这种对待。虽然玫玫说接受了，但是感受和身体却不会骗人，玫玫的病就是在这样数不清的拒绝和不重视中导致的。

这个案例中，父母重男轻女思想是主因，不愿意参与家园共育是重男轻女的表现之一。现在许多家长已经没有了重男轻女的思想，但是忽视家园共育的家长还是大有人在。所以建议各位家长，对待进入幼儿园的孩子，一定不要做旁观者，而是要积极主动地参与家园共育。

心理小课堂

家园共育貌似是家长与幼儿园之间的事，但是受影响最大的却是孩子。希望父母试着体会孩子小小的心思，花一点时间让孩子在群体中露出满足自信的笑容。

5.告诉孩子如何融入集体

进入幼儿园是孩子离开父母的庇佑，开始独立人生的第一步。虽然有老师照顾，但对孩子来说也是一个小小的挑战。能不能融入新的集体，能不能和小朋友们融洽相处，决定着孩子接下来的3年能不能开心度过。家长在孩子上幼儿园之前就应该教孩子一些融入集体的方法，这些方法不仅仅是为了帮助孩子尽快适应幼儿园生活，同时也是孩子将来人生各阶段需要掌握的重要技能。

一个能够快速融入集体的孩子，必然拥有这些品质：善良、友好、勇敢、聪明、合作等，这些抽象的词语应该如何让孩子理解呢？父母要用孩子能听得懂，可以做到的语言去告诉孩子。笔者总结了以下8类。

● 笑容最漂亮

都说"爱笑的人运气不会太差"，一方面是因为爱笑的人让人觉得亲切，容易相处，自然会交到更多的朋友，获得更多的友情与帮助；另一方面，教孩子经常面带笑容也是鼓励孩子学会乐观面对世界，是一种心理上的正面引导，可以让孩子在集体生活中更快乐。

● 乐于分享

孩子之间的矛盾绝大部分起因就是对食物和玩具的争夺，教育孩子做愿意分享的人，自然会获得更多小朋友的友谊。

● 先问问主人

公共物品要懂得分享，要愿意和大家一起玩，那么如果是私人物品呢？这就需要孩子明白权属关系，谁的东西谁做主，尊重主人的权利。如果孩子想玩别人的东西怎么办？告诉孩子，先问问主人。就是这么简单的一个行为，可能就会化解很多矛盾。

● 多和朋友一起玩

鼓励孩子多与小朋友一起玩。第一，有利于结交新朋友；第二，孩子之间的交流可以激发孩子丰富的创造力与思维的火花；第三，孩子之间一起玩，在互动的过程中孩子能够慢慢学会如何处理矛盾，对孩子的人际交往能力有提高作用。

● 学会使用礼貌用语

使用礼貌用语，是父母教育孩子成为一个懂文明、懂礼貌的人所必需的。父母教育孩子使用礼貌用语不仅仅只是简单的几个字，更重要的是要让孩子学会用谦和文明的态度面对他人。这是一种更深刻的教养，即使是不懂事的孩子，面对谦和温暖的人也会自然而然地生出亲近感，这就是文明礼貌的力量。

● 知道很多知识

小朋友有很强烈的好奇心和对世界的向往，如果身边的小朋友总是知道很多，不管是去过更多的地方，还是听过更多故事，或者见过大家没见过的动物，都会迅速成为其他小朋友羡慕的对象。如果这个孩子还是个乐于分享的孩子，那么无疑很快会成为受欢迎的人。这就需要父母从小注意对孩子多方面能力的培养，鼓励孩子多参加活动，多体验生活。

● 愿意分担更多工作

每个人的童年，班上都会有一个"孩子王"的存在。"孩子王"不一定是那个最厉害的小朋友，却一定是最"辛苦"的那个小朋友。孩子们特别喜欢围在"孩子王"的身边，和他一起玩。"孩子王"的能力是很综合的，要聪明，要有组织能力，要有亲和力，要有优秀的社交能力可以解决小伙伴的矛盾，还要有多于小朋友的生活经验，最重要的是要承担比其他小朋友更多的工作。这种能力有些是天生的，有些却是后天获得的。

病区里曾经有过一个因抑郁症住院的姑娘，14岁，名字叫小苏。她住院的主要原因是不良亲子关系造成的抑郁情绪在青春期爆发。入院后，她康复得很快，我们观察到她是整个儿童病区最受欢迎的孩子，其他的病友小伙伴每天都会在她的房间聚会。小苏总是能给大家找到事情做，要么聊小时候，要么玩游戏，要么到户外做运动。偶尔有小矛盾，小苏也会积极地调和，在她的影响下，小伙伴们也很快会和好如初。

能够和小伙伴融洽相处的人，会收获更多的心理正能量。鼓励孩子多帮助老师分担工作，这样他的组织能力、协调能力、语言能力等也都会有所提高。

● 保护自己大于受欢迎

家长要让孩子注意一点，融入集体是为了让自己在集体中获得更多的成长，一味地让别人高兴也不是正确的方法。如果孩子受到无端的挑衅和伤害，要勇敢地告诉对方这样不对，不可以再这样，必要时候可以求助老师，懂得反抗。

相信经过父母具体又细节地描述，孩子们一定可以更好地理解什么样的行为可以让自己在群体中更受欢迎。

心理小课堂

虽然本小节讨论的主题是如何融入集体，但是并不鼓励孩子们为了受欢迎而去迎合他人。父母要鼓励孩子做自己，在此基础上成为一个受欢迎的人。因为，如果自己都不喜欢自己，别人又怎么能喜欢你呢？

6. 父母这么做，孩子会更喜欢老师

父母将孩子送入自己认可放心的幼儿园，交到老师手中。如果孩子拥有和谐的师生关系，信任和喜欢老师，认可老师的教导，就会更愿意与老师互动，在老师的引导下也会更快地适应新的环境，更快地结交新的朋友，顺利融入幼儿园的生活。那么，家长做些什么，才可以让孩子更喜欢老师，能够与老师建立更和谐的师生关系呢？

● 不要在孩子面前议论老师的是非

首先，家长对老师要本着信任和尊重的态度。即便觉得老师有什么问题，在没有做出要孩子离开班级等重大决定之前，不要在孩子面前谈论老师的是非，不在孩子面前说一些老师的负面评价和消息。家长的否定和负面评价会直接影响孩子对老师的感觉。如果曾经在孩子面前谈论过老师是非，孩子对老师基本很难再建立真诚的喜爱。

● 和孩子一起发现老师的优点

每天接孩子放学的时候，家长可以问问孩子："今天在幼儿园有什么好玩的事情吗？""今天和小朋友干什么了呀？""老师带你们干吗了呀？"当孩子说老师教了儿歌或者手工的时候，家长就要抓住机会表达对老师的赞美："老师会这么多啊，真是多才多艺，回家宝宝可以教教妈妈吗？"当看到老师给孩子扎了可爱的小辫子时，要夸奖孩子的发型可爱漂亮，同时也别忘了表达对老师巧手的赞美。父母的这些话和态度都会给孩子正面的引导，让孩子也发现老师的优点，从而更加喜爱老师。

● 用心发现老师对孩子的爱，并且告诉孩子

人总是无法不喜爱喜爱自己的人。所以，让孩子感觉到老师对自己的喜爱也是让孩子更加喜爱老师的一个方法。家长要用心地发现老师为孩子做的事，并明确地告诉孩子，让孩子知道老师对自己的关爱。如，接孩子放学后问孩子："午睡后头发是谁帮宝宝梳的呀？""衣服弄脏了是谁帮宝宝换的呀？"答案一定是老师。这时候父母就要说："老师对宝宝真好啊，她一定很喜欢宝宝，对不对？"这种引导，会提醒孩子并让孩子知道老师的这些行为是喜爱自己的表现。

● 在孩子面前，与老师友好轻松地聊天

父母与老师关系友好融洽，孩子心理上会感觉特别安全放松。因为父母就是孩子模仿的对象，父母对一个人的态度影响孩子对这个人的态度。

一位妈妈讲起了自己女儿的故事：

我的女儿在上幼儿园小班的时候，记得是冬天大概12月份的时候，天气很冷。早上送幼儿园时，我给女儿穿着红色的羽绒服，两个袖口处还有两个蝴蝶结做装饰，晚上接园是爷爷奶奶接的。回到家我给她脱外套时，才发现她穿着的不是自己的外套，也是一件红色的羽绒服，但是却是男款。我立刻意识到是穿错了，问女儿，她说出门时自己穿衣服找不到自己的衣服了，就拿了一件红色的套上了。在家长群里问过后，知道这件男款是另一个小男孩的。老师说班上还有备用外套不用送了，明天拿到幼儿园就行。

第二天送孩子，我顺便把衣服送给老师，和对方家长说了抱歉，因为觉得很有趣，我们三个人就笑了起来，女儿站在旁边看着。晚上放学她就问我："妈妈，今天你和老师为什么笑啊？你们是好朋友吗？"我立刻敏锐地察觉到，女儿对我和老师的关系很好奇，就说："是啊，妈妈和老师是好朋友，所以妈妈才放心把你放在幼儿园啊。"女儿点点头，从那以后，女

儿经常会和我聊老师，说老师给她扎小辫，教他们儿歌，还会经常说老师夸奖她了，说老师喜欢她，不愿意去幼儿园的次数也明显变少了。

当孩子看到父母和老师的关系很好时，自然而然就把老师看成是受到父母和自己喜爱的人。在幼儿园面对老师时，也会带着喜爱去接受老师。

● 及时扭转孩子对老师的误解

孩子年纪小时，对一些事情的解读和成人不一样。如果家长发现孩子对老师的一些做法或者因为不愿意去幼儿园而说不喜欢老师时，家长要及时了解事情的真相，并引导孩子正确理解。如果是孩子对老师有误解，家长要扭转孩子对老师的误解。

心理小课堂

在引导孩子信任和喜爱老师的过程中，父母也不要忽视孩子的感受。如果真的遇到老师有问题，父母要安抚好孩子，帮助孩子克服心理上的恐惧与焦虑，并且和老师和平商讨解决问题。

7. 0～6岁孩子的"性"萌芽

看到这个题目，也许会有很多父母提出质疑：0～6岁孩子的性萌芽？这么小的孩子和"性"有什么关系呢？甚至有的家长会认为"性"这个词很"羞耻"，把"性"和孩子挂上钩，是无法接受的。事实上，人类从婴儿时期，就已经开始他们自己的"性"发育和一些与"性"相关的活动了。这里的"性"不是狭义的性。父母要带着科学开放的心态来了解孩子，了解孩子的"性"。

● "性"是生命的本能

事实上，"性"是生命的本能，和求生的本能、吃的本能是一样的。从一枚受精卵在妈妈的子宫里着床开始，人体就按着基因编辑好的程序一步一步地长出不同的器官和组织，这其中就包含了性系统的发育。与其他系统一样，性系统的发育从始至终在进行，并不是在成年或者青春期突然爆发的。当宝宝还在妈妈子宫里时，通过超声成像系统，就可以观察到，不论男女，胎宝宝就已经出现了抚弄自己生殖器的行为，这是一种本能。家长逃避关注孩子的性，可能会错过对孩子很重要的性教育。成年前的性发育阶段，孩子是非常需要在父母帮助下完成的。父母的忽视可能引起孩子又困扰又无助，甚至可能影响整个人生。

● 0～6岁孩子的性发展与性教育

在人类的性发育成熟前期，可以统称为"性发育期"。心理学曾经将性发育期分为5个阶段，分别是：口欲期（出生～1岁半）、肛欲期（1岁半～3岁）、性蕾期（3～6岁）、潜伏期（7岁～青春期前）、青春期。不同的性发育阶段对应着不同的发育任务和特点。

5个性发育阶段中，0～6岁就包含了3个，说明童年的性发育是很活跃复杂的，父母应该了解并给予足够的重视。0～6岁是人类性发育的萌芽阶段，孩子会经历口欲期、肛欲期和生殖器的初期发育。笔者在前面的章节专门讨论过口欲期和肛欲期，家长已经知道了这两个阶段的顺利度过对孩子成长的重要意义。经过口欲期和肛欲期，性发展就会过渡到对生殖器的关注，最终会形成以生殖器为统治地位的性活动方式。

孩子大概到3岁就应该有了清晰的性别区分，可以确认自己的性别，并且在这基础上能够认同和理解自己的性别。随后就进入了俄狄浦斯期，开始对异性父母有了依恋的情感，这些都是性发育的正常心理发展阶段。在对孩子进行性教育的过程中，**父母要传达的最重要的价值观是：性是自然的、健康的。**在这个基础的价值观之上，父母要对孩子进行性道德的培养，也就是人们常常提到的——"隐私"。告诉孩子：哪些是自己的身体隐私，要保护好自己的身体隐私，也要尊重其他人的身体隐私等。

● 我是怎么来的

"妈妈，我是怎么来的啊？"4岁的小男孩问妈妈。

"是从妈妈肚子里生出来的啊。"妈妈的回答很轻松。

孩子又问："那我是怎么进到妈妈肚子里的啊？"

妈妈愣了一下，回答："是爸爸在妈妈肚子里种下一粒种子，种子在妈妈肚子里开出一朵花，然后就慢慢长成一个漂亮健康的宝宝，就是你啦！"

这个答案不但解释了小男孩的疑问，听上去还那么美，小男孩很满意。过了一会儿，小男孩又问："爸爸怎么把种子放到妈妈肚子里的呢？"

这次，妈妈真的不知道该怎么回答了，只好说："这个问题妈妈现在也说不清楚，给妈妈时间让我好好想想，好吗？"

小男孩疑惑地点点头。

几乎所有的孩子长到3～6岁这个阶段都会问父母这样的问题。探究自己的生命起源，这也是人类的天性。所以父母在听到孩子问这样的问题时，不要惊讶，更不要对孩子有不好的评价。至于如何回答孩子的问题，有以下几个原则供家长参考。

（1）不逃避，认真回答孩子。问这类问题是孩子开始进行生命自我探索的标志，是本能，更是父母对孩子进行性教育的好时机。父母的逃避可能让孩子感觉"性"是耻辱的，或者是见不得光的。

（2）不欺骗孩子。因为文化的原因，过去的中国人对性讳莫如深。我们小时候问父母"我是从哪来的"，得到的答案一般都是从路边捡的、从垃圾堆捡的等奇奇怪怪的答案，那个时候的父母是不能接受直面谈论性的。那么，现在的父母不能再用这些奇怪的答案骗孩子了。

（3）用孩子能听懂的语言，简单明了地回答孩子。孩子问："妈妈你和爸爸怎么生的我啊？"父母回答可以是："爸爸在妈妈肚子里放了一粒种子，种子在妈妈肚子里生根发芽，长成小宝宝，然后生出来的。"在孩子没有想到爸爸怎么把种子放在妈妈肚子里前，不用再进一步解释。

（4）可借助绘本。如果有一天孩子真的问到："爸爸怎么把种子放到妈妈肚子里的？"这个问题可能也不好用语言描述了，父母可以借助市面上一些绘本书籍和孩子共同学习。这类绘本上会有简单的图画，一方面可以让孩子了解他想要的答案，另外一方面也可以减轻父母的精神压力。

（5）强调爸爸妈妈是因为相爱，因为爱孩子，才会生宝宝。虽然孩子问的是生孩子这回事，但是父母别忘记传递给孩子的信息是：因为父母相爱，想一起生活，并且希望有一个可爱的宝宝，才一起生孩子的。生孩子是一件满含爱意与感情的行为，不仅仅只是冷冰的科学讲解。一方面，孩子会感觉到一家人爱的流动；另一方面，也会认识到生宝宝这件事是要与爱人发生的。

心理小课堂

性教育从小做起，是指父母应该重视性教育，在孩子有疑问的时候，给孩子恰当的关注与引导。

8.做好上一年级的准备

经过"袋鼠宝宝"的0～3岁和初试独立的3～6岁幼儿园阶段，恭喜各位爸爸妈妈，宝宝们要升入小学一年级了。这意味着我们的宝宝们不再是个"宝宝"，将要踏上"少年"之路。父母内心的感受相信一定是复杂的，既骄傲又有点不舍，既充满希望又有隐隐的担心。孩子一天天长大，一步步独立，这是所有父母的心愿，但是和孩子的分离也越来越多，心中难免不舍。"小小的她/他能适应小学全新的生活模式吗"，这样的担心相信所有父母都会有。

● 一年级是全新的开始

一年级和幼儿园是完全不同的两个阶段。一般意义上，进入小学后就告别了无忧无虑的童年时光。学校和家长开始对孩子有了学业上的要求，有了课堂上和课后的规则要求。孩子们要开始十几年的求学生涯。小学不仅仅是开始学习知识的地方，也是开始学习与这个世界相处的地方。如何融入集体，如何与老师同学相处，如何面对课业压力，都是孩子要一步步经历的。小学是求学生涯的基础，而小学一年级是小学阶段的基础。如果一年级开始就拥有了端正的学习态度，确立了明确的学习目标，养成了好的学习习惯、行为习惯和建立了正确的价值观，孩子的小学阶段乃至之后的求学阶段都可能因为这个良好的开端而顺利度过。

● 家长要做好心理准备

孩子升入一年级是全家的大事，整个家庭可能都会随之做出调整。父母习惯于把注意力都放在孩子身上，要帮助孩子做好相应的准备。事实上，首先应该做好准备的应该是父母，父母准备好了，才能更好地引导孩子。

现在很多家庭为了孩子能享有更优质的教育资源，会举全家之力换个学区房。这里说的心理准备远不及换学区房费心费力，但是却同样重要。

那么，父母要如何做心理准备呢？"我是一个小学生家长了"，这句话意味着什么呢？意味着父母自己要明白如何成为一个合格的小学生家长。父母要花时间好好思考一下，自己让孩子上学的期望是什么，是要成为一个"鸡血父母"还是一个"佛系父母"？为了完成自己的目标，身为父母，愿意怎么样陪伴孩子度过小学阶段？所有的这些父母自己都要"心知肚明"，只有父母做好了心理准备，才能帮助孩子顺利度过他的小学阶段。

● 父母要做的其他准备

父母有了心理准备后，就需要考虑具体的事件了。包括以下4点。

（1）谁来主要负责孩子的教育任务。现在的教育已经越来越全面，父母不能指望把孩子交给学校就万事大吉。进入小学后，特别是在需要养成良好习惯的一年级，孩子的家庭教育与学校教育的配合会是一个家庭的重要事项。父母要提前安排好谁来主要负责这部分。

笔者建议一年级的孩子回家后的学习是要家长监督管理的。因为刚上小学的孩子年纪还小，自控力不足，且刚进入小学，很多学习习惯还未养成。这个阶段父母最好可以帮助孩子养成好的习惯，如刚开始陪伴、引导孩子完成作业，坚持一段时间然后慢慢放手。

（2）孩子的接送问题怎么安排。看起来非常不起眼的孩子的接送问题，却是首先要安排好的。现在的学校放学很早，正常上班的父母根本无法做到正常接送孩子，那就要提前安排好，是老人帮忙，还是请保姆，或是找托管班，或者是父母有一方专门推掉一部分工作来接送孩子。接送孩子会持续到孩子上初中甚至更大一些。

（3）兴趣班上不上，怎么上。兴趣班是小学生逃脱不了的话题。小学放学比较早，父母是愿意孩子轻松些，还是放学后继续选择一些兴趣班学习。

这种选择关系到家长的教育理念，也是需要父母双方提前商量好的。兴趣班的种类纷繁多样，机构庞杂，学什么，还有选哪家机构，都是需要花时间去了解和决定的。

（4）如何营造家庭的学习氛围，帮助孩子更好的学习。为了孩子养成好的习惯，家中可以做出哪些安排与改变，如是否可以做到工作日不看电视，是否可以做到和孩子一起读书，是否可以陪孩子学习时不玩手机。这些细节虽然琐碎却是营造家庭学习氛围最重要的环节。家长做得越好，对家庭学习氛围的营造越有帮助。

● 孩子要做的准备

国家规定小学的入学年龄是当年9月1日前，年满6周岁的孩子。除了个别特殊情况，孩子都是按照年龄的划分进入小学的。但是这个年龄段就注定一个班里年龄最大和最小的孩子可能相差整整一岁。对于六七岁的孩子来说，相差1年，各方面的发展和能力的差距可能很明显。如何在孩子进入小学前帮助孩子做好适当的准备呢？笔者有6个推荐的原则供参考。

（1）能否和父母或者独立地安静地看完一本绘本。

（2）是否能独立完成上厕所，包括大便。

（3）是否知道正确的握笔姿势。

（4）是否能清晰地表达。

（5）是否愿意并能够求助。

（6）是否认识并写出自己的名字。

以上6点可以帮助父母大概衡量孩子的基本状态。如果孩子有发展不太好的方面，要在上小学前尽量加强。

为了帮助孩子心理上积极地迎接将要到来的小学一年级生活，父母还可以做一些事，下面这位妈妈做得非常好。

小烨妈妈在孩子教育方面很用心，在她的孩子即将进入小学前她做了很多相关的工作。

从开始准备入学资料，网上登记，到进入学校参观等环节，小烨妈妈几乎全程让小烨参与。在这个过程中，小烨逐渐地熟悉了自己将要进入的小学，心理上把上小学这件事摆在了一个重要的位置，非常期待入学。

除此之外，入学前的书包、文具、包书皮、衣服的准备，妈妈更是给了小烨很大的选择权。在这个过程中，妈妈发现小烨做决定前开始思考了，在妈妈的引导下会想到准备这些东西应该考虑的方面，思想成熟了很多。妈妈希望让小烨知道上小学是自己的事，不仅仅是爸爸妈妈安排自己去，自己也要为自己负责任。

在一切准备就绪后，妈妈带小烨去国子监拍了一套照片作为纪念仪式。国子监里浓厚的文化气息，非常适合马上进入小学的孩子去体会，寓意深刻。经过这整个过程，孩子已经从心理上获得了充分的准备，上小学后非常顺利地度过了自己的第一年。

这个妈妈的做法值得家长学习，当然了，也不是要家长生硬地去模仿。总的原则就是，要让孩子了解一年级，用积极的状态进入自己的新学校。

心理小课堂

孩子上小学，对整个家庭来说都是一个重要的新起点。提前花点时间花些心思做好准备，对孩子和父母来说都是非常必要的。

北京回龙观医院临床心理科孕婴幼心理健康辅导中心介绍

北京回龙观医院临床心理科孕婴幼心理健康辅导中心，脱胎于儿童精神分析的发展，尤其是法国儿童精神分析的理论与实践。

在法国有个家喻户晓的儿童精神分析家——弗朗索瓦兹·多尔多。1979年1月6日，她在法国巴黎第十五区创建了一个专门接待婴儿、孩童及其父母的机构，名字叫做"绿房子"。其意图，即在于在儿童精神分析家等的倾听与陪伴下，为婴幼儿及父母提供帮助和支持。绿房子的模式现在已经遍及全世界多个国家。

此外，在法国另一大城市第戎，有一个儿童精神分析家——莫妮卡·特科，她按照法国儿童精神分析的理念，在第戎的各类公立医疗体系建立起完善的儿童精神分析接待中心，包括对备孕及怀孕期的准父母的接待和新生儿的接待，由此全面建立了覆盖从怀孕到生产、再到孩子童年期的整个社会化医疗—教育—心理健康服务体系。

　　回龙观医院孕婴幼心理健康指导中心，参考了上述两位儿童精神分析家的理论与实践，结合中国的医疗与教育的实际情况，力图为准父母、新晋父母、幼儿与儿童提供专业的心理健康服务。指导中心拥有从法国巴黎第七大学精神分析学院毕业的精神分析家罗正杰博士领导的专业团队，该团队有丰富临床经验的儿科医生、精神科医生和心理治疗师。希望能够将国外先进的儿童心理健康理念与实践引入中国，帮助年轻的父母更好地面对自己的角色，理解孩子和陪伴孩子健康成长。

● 孕婴幼心理健康指导中心的功能

一、孩子方面

1.预防各种变化可能带来的适应障碍；

如：家庭主要照料者的变换

家庭成员伤亡

家庭环境变迁

家庭成员间存在矛盾

家庭结构变化（如新添新成员）

……

2.帮助协调改善亲子关系；

3.发现早发障碍并干预；

4.缓解分离焦虑；

5.孩子在父母的陪伴下接触社会环境，更好地进入社会；

6.培养孩子对社会规则的服从和遵守。

二、孕妇及备孕夫妇

缓解孕期焦虑，为准妈妈提供专业的心理调适；帮助不孕不育夫妇排除心理方面的不利因素。

三、父母、家庭方面

1.提供一个类家庭治疗的环境，解决对孩子抚养过程中的焦虑、疑惑，并得到专业人士的支持和解答；

2.帮助家长在游戏和集体的环境中去理解和倾听孩子；

3.帮助家庭成员理解家庭中发生的事件；

4.帮助家长高质量地陪伴孩子，学习怎样和孩子玩耍，以适合的方式与孩子沟通。

服务人群：

1. 孕妇、0 ～ 4岁的孩子及家庭；

2. 在成长过程中遭遇心理障碍的孩子。